# Spaß im Netz

DER TV MOVIE INTERNET-FÜHRER

VPM Verlagsunion Pabel Moewig KG, Rastatt
Genehmigte Lizenzausgabe

Text: Ulrich Hoffmann, Eric Hegmann
Gestaltung: Lorenz Klammt, Tanja Köhnemann
Umschlagmotiv: The Image Bank, Tony Stone
Druck und Bindung:
Druckerei Ernst Uhl GmbH, Radolfzell
Printed in Germany
ISBN 3-8118-1530-X



*Agenturen: Image Bank, Tony Stone*

# Inhalt

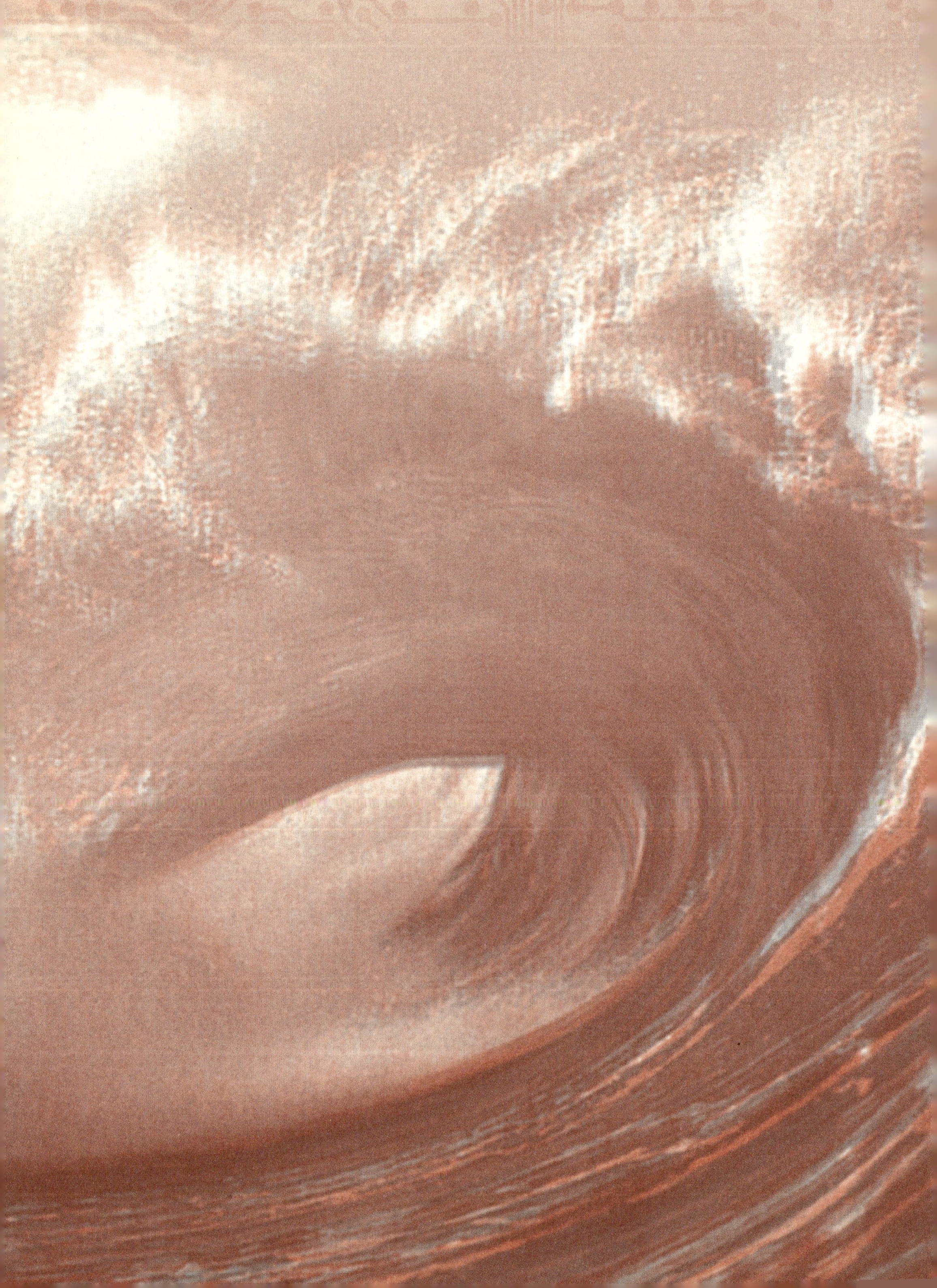

# Gut Surf!

**Sie wollen Love & Peace, Sex & Crime, Rock & Roll? Sie wollen auf den Informations-Highway? Sie wollen Mitbürger im „Global village" – dem Weltdorf – werden,** Sie wollen „chatten", „flamen", „usen", „netsurfen"? Sie wollen eine Sehnenscheidenentzündung vom vielen Mausklicken riskieren, Sie wollen unter einem steifen Hals und roten Augen vom langen Starren auf den Computermonitor leiden, Sie wollen alle Informationen dieser Welt nutzen, Sie wollen eine astronomische Telefonrechnung bezahlen?

**Herzlich willkommen** – ab hier sind wir unter uns! In diesem Buch wollen wir mit Ihnen zusammen ins Internet starten. Dabei gehen wir davon aus, daß Sie zwar einen Computer, aber keine Ahnung haben. Und wenn Sie in ein paar Tagen oder Wochen schon semiprofessionell „internetten", hilft Ihnen bei jeder Frage und jeder Unklarheit der zweite Teil dieses Buches sowie unser Lexikon und der ausführliche Index.

In diesem Sinne: schäumende Brandung und gut Surf!

Ihr TV MOVIE ON-Team

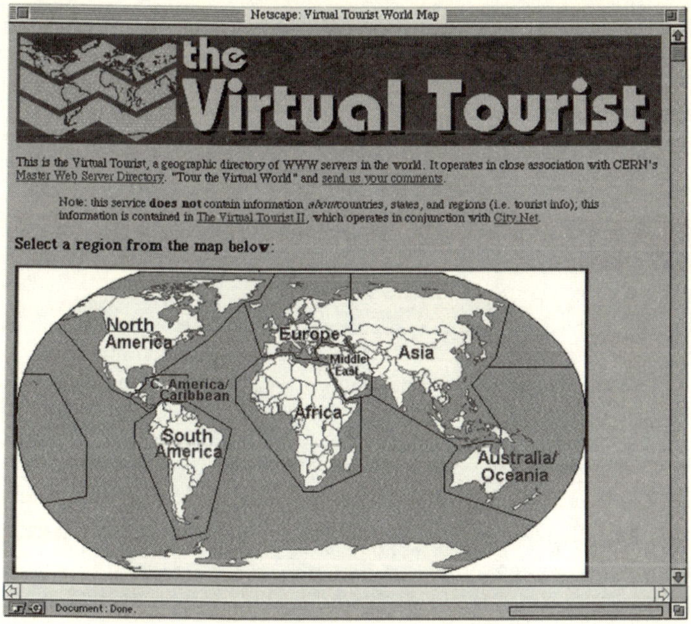


*Unterwegs als Cybertourist: Das Internet macht's möglich*

# Im Supermarkt der Info-Server

**Sie wollen Sex? Sie wollen Spaß? Sie wollen Informationen? Sie wollen Software? Sie wollen wissenschaftlich arbeiten, wollen recherchieren und wollen Kontakt zu Menschen am anderen Ende der Welt? Ihnen kann geholfen werden.** Per Datenfernübertragung (kurz: DFÜ) können Sie auf rund zweieinhalb Millionen Rechner weltweit zugreifen, und jeden Monat werden es gut 200 000 mehr. Sogar in die Antarktis und nach Grönland kann man schon seit gut zehn Jahren „internetten“. Das besondere am Internet sind vor allem zwei Dinge: Es ist unfaßbar groß, und es ist sehr stabil.

Stabil ist es aus einem technischen Grund: Das Internet beherrscht „Dynamic Rerouting“. Das heißt, daß eine Menge Computer kreuz und quer miteinander verbunden sind, und zwar nicht

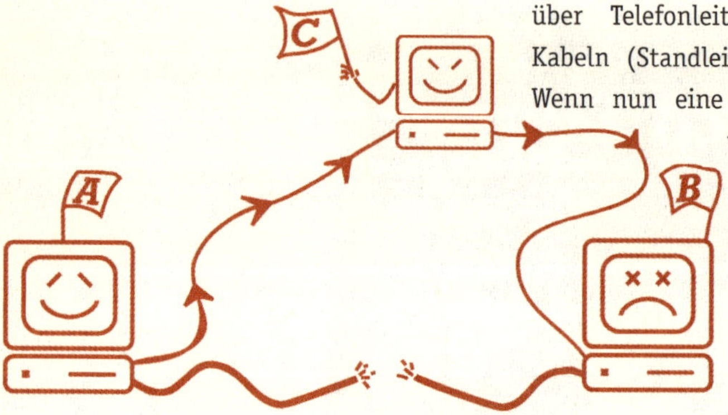


*Das Geheimnis des Internet besteht im Dynamic Rerouting*

über Telefonleitungen, sondern mit dicken Kabeln (Standleitungen), 24 Stunden am Tag. Wenn nun eine dieser Verbindungen ausfällt, weil der Baggerführer ein Idiot ist oder gerade Krieg ausbricht, flitzen die Infos nicht mehr direkt von Rechner A zu B, sondern nehmen den Umweg über Rechner C, der ebenfalls mit B verbunden ist.

Erstaunlicherweise funktioniert das ganz hervorragend: Während des Golfkrieges beispielsweise gelang es den US-Bombern nur unter großen Schwierigkeiten, das irakische Kommando-Netzwerk lahmzulegen. Es bestand aus handelsüblichen Computern, die auf konventionelle Internet-Art miteinander verbunden waren. Und als 1991 in der Sowjetunion geputscht wurde, kappten die Militärs zwar die Telefonleitungen und verhinderten das Erscheinen von Zeitungen. Aber der kleine Internet-Anbieter RELCOM mit seiner Anbindung an einen finnischen Internet-Knoten lieferte weiterhin zuverlässige Informationen an den Rest der Welt.

Das ist zwar alles ganz erstaunlich, für den gemeinen „Netsurfer" im Alltag allerdings absolut unwichtig. Nur noch eins: So hochtechnisiert das Internet auch ist – es kostet seine Nutzer keinen Pfennig! Der sogenannte PROVIDER kassiert dafür, daß seine Hochleistungsrechner (im Gegensatz zu Ihrem Heim- oder Bürocomputer) nonstop voll ins Internet integriert sind und Sie diese *mitbenutzen* dürfen. Mit dieser Gebühr finanzieren Sie quasi Ihr

PROVIDER
Kommerzieller Anbieter, über dessen Computer Sie das Internet erreichen

**Arpanet und die Folgen.** Das **Internet** ist aus dem Zusammenschluß zweier Computernetze entstanden: ARPANET (für Forscher) und MILNET (für die Army). Es war eine Spielwiese für Intellektuelle – erst als Geld gebraucht wurde, beachteten seine Betreiber sein militärisches Potential: Unzerstörbarkeit durch einen Atomangriff. Doch Charly Herzfeld, Direktor des ARPANET (1960–67) gibt zu: „Uns war der Sicherheitsstandard des Netzes bewußt, aber darauf hingewiesen haben wir keineswegs von Anfang an, sondern erst, als wir Mittel benötigten."

kleines Stück vom großen Internet-Kuchen; das Netz kann so von jedermann zum Selbstkostenpreis genutzt werden. Es gehört niemandem und unterliegt deshalb auch keinerlei Zwängen.

Wirklich spannend ist für Sie und uns wohl eher der Infotainment-Wert des Netzwerks. Denn im Internet – vor allem in dessen „Filetstück" WORLD WIDE WEB – können Sie einfach bummeln, sich Comicstrips und Sexfotos anschauen und skurrile wissenschaftliche Experimente in aller Welt interaktiv beeinflussen. Sie können kostenfreie Programme und Antiviren-Software laden, können sich mit Kinovorschauen und Musikclips unterhalten lassen oder rein elektronische Magazine und Vorabausgaben von zahlreichen Zeitungen und Zeitschriften studieren … Kurz: Im Internet finden Sie mehr, als Sie sich je vorstellen konnten.

WORLD WIDE WEB
→ Seite 27

*Unterhaltung pur mit „Calvin & Hobbes"*

Die erste Frage also lautet: Wer hat was vom Internet; was hat das Internet mir ganz persönlich zu bieten? Die zweite Frage ist: Wer hat nichts vom Internet und sollte sich Zeit und Geld sparen? Im Internet finden Sie:

- gängige SHAREWARE für PCs und Macintosh/Apple
- gängige PUBLIC DOMAIN-Programme für PC/Mac
- aktuelle Treiber der Hersteller von Grafik-, Soundkarten usw.
- kostenlose Antiviren-Programme
- mit etwas Aufwand auch noch das abwegigste Software-Tool für Ihre Spezialaufgabe – oder jemand, der es Ihnen programmiert
- Software für Amiga, Linux, Unix und überhaupt nahezu jedes denkbare System
- aktuelle Informationen über Software und andere Dinge, die es noch gar nicht gibt

SHAREWARE
Kostenfreie Test-Software; wer sie behalten will, muß später bezahlen

PUBLIC DOMAIN
Kostenfreie Software

- unfaßbare Mengen an Infos über nahezu jedes Thema der Welt
- Recherchematerial: Sie suchen eine bestimmte Information, ein altes Army-T-Shirt, einen Interviewpartner auf der anderen Seite der Erde – dann sind Sie hier richtig. Das Internet ist zweifellos der größte Nachrichten-Flohmarkt der Welt
- „Useless Sites": zum Beispiel den größten nichtfunktionierenden Knopf der Welt und ähnlichen Nonsens

*Das Bild von Alicia Rickter, US-Playmate Oktober '95, kann man beim Playboy „downloaden"*

- Kultur: Film und TV, Musik und Bücher, klassische Kunst und schräge Avantgarde-Computerkunst
- Comics, Filme, Musikclips
- Sie können live und in Echtzeit mit anderen „Internauten" plaudern
- Online-Bücher: Das sind ganze Bücher, bei denen Sie etwa Verweise (aber auch Kurzfilme und Sounds) nicht nachschlagen müssen, sondern mit einem Mausklick serviert bekommen.

Außerdem können Sie...

- ...in zahlreichen Universitätscomputern nach wissenschaftlichem Material stöbern
- ...sich täglich vollautomatisiert im Shakespeare-Stil beschimpfen lassen: „Thou art a hasty-witted mangled foot-licker!"
- ...und – last but not least – preiswert E-MAILS in die ganze Welt verschicken (und natürlich auch welche bekommen).

E-MAILS
Elektronische Post
➔ Seite 74

Im übrigen wurden via Computernetzwerk auch schon Bestseller geschrieben und verkauft – bestes Beispiel sind die History-Romanzen von Diana Gabaldon („Feuer und Stein"), die ihre Manuskripte auszugsweise in Netz-Foren diskutieren läßt – und für ungeschriebene Bücher sechs Millionen Vorschuß bekam.

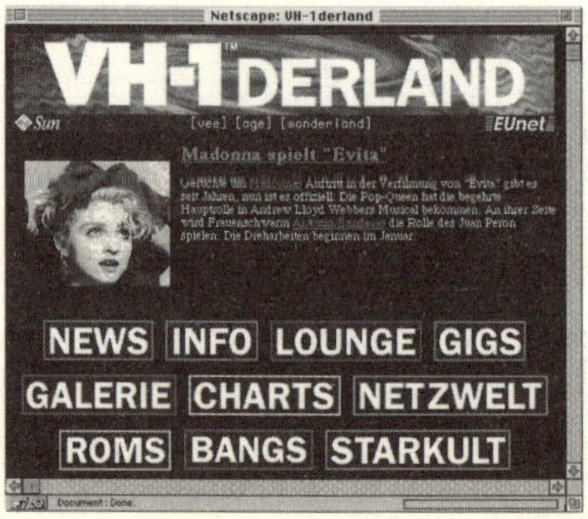


*Das „Wunderland" des Classic-Rock-TV-Senders VH-1*

Andererseits, und das sollten Sie nicht außer acht lassen, ...

- ... ist das Internet zwar dicht bevölkert, aber nicht sehr gesellig – die persönlichste Kommunikation besteht meist im Austausch von knappen, SMILEY verzierten e-mails, die irgendwann vielleicht ebenso knapp beantwortet werden
- ... werden Sie Stunden und Tage – und im Idealfall nicht viel länger – damit verbringen, die neue VIRTUELLE CYBERWELT kennenzulernen. Das kostet Zeit, und Zeit ist heutzutage ja nurmehr Geld – aber es macht auch verdammt viel Spaß, und in ein paar Jahren wird das World Wide Web im Internet so weit verbreitet sein wie heute Anrufbeantworter und Handys
- ... sind Sie bisher auch ohne ausgekommen.

SMILEY
Kleine Strichpunkt-Symbole, die für Emotionen stehen
→ Seite 100/105

VIRTUELLE CYBERWELT
Etwa: „unwirkliche Zukunfts-Computer-Welt“

Doch was unterscheidet das Internet denn nun von kommerziellen Netzen wie CompuServe, Datex-J/Btx/Telekom Online, Europe Online, MSN auf der einen und nonkommerziellen Netzen (wie etwa Fido-Net, Mouse-Net u.a.) sowie kostenlosen oder sehr preisgünstigen Mailboxen andererseits?

- Alle kommerziellen Netze und ihre inhaltlichen Angebote sind reglementiert. Im Internet herrscht pure Anarchie (siehe Kasten rechts), und das hat eine Menge Vorteile
- Die nonkommerziellen Netze und erst recht die regionalen Mailboxen sind zigtausendmal kleiner als das Internet, sind regional bis lokal orientiert – im Vergleich zum pulsierenden „Global village“ (virtuelles Weltdorf) des Internet sind das bloß Ansammlungen schäbiger Blockhütten in der tiefsten Mongolei
- Umgekehrt allerdings findet sich im Internet (noch) recht wenig Kommerzielles: Entspricht CompuServe eher einem allumfassenden Einkaufszentrum, so treiben sich im Internet neben „nützlichen“ Anbietern aller Art auch Millionen von Spinnern herum. „Effizienz“ ist hier sicher nicht das Hauptkriterium – aber die besten Ideen entstehen nun mal beim ziellosen Gedankenwandern ...

**Anarchie im Internet.** Das Netzwerk gehört — wenn überhaupt jemand — den Besitzern der angeschlossenen Rechner. Insofern gibt es keinen Betreiber, der Richtlinien ausgibt, und keine Regierung, die das Netz regieren könnte. Dadurch herrscht im Internet eigentlich reine Anarchie: Jeder macht, was er will und für richtig hält. Einziger Grundsatz: Was du nicht willst, das man dir tu ...

## WER HAT WAS VOM INTERNET?

TIP

Zum Testen schalten viele Provider auch kostenlose Testzugänge. Und: „Eindringlinge“ aus anderen Netzen sind bei Alt-Internauten nicht gern gesehen, erhalten also auch wenig Hilfestellung

Die meisten kommerziellen Netzwerke – und auch einige Mailboxen – bieten mehr oder weniger beschränkte Zugriffe aufs Internet an. Zumindest in der Erkundungsphase kann der recht preiswerte Zugang über CompuServe oder Telekom Online (ehemals Btx) interessant sein; zumal wenn der jeweilige Dienst (zum Beispiel zum Computerbanking) ohnehin bereits vorhanden ist.

Einen ganz großen Vorteil für Jet-setter haben überregionale Provider oder gar CompuServe: Sie können sich jeweils vor Ort mit dem lokalen Einwahlknoten verbinden lassen. Wohnen Sie also in Berlin, sind beruflich aber oft in München, ist ein Internet-Provider praktisch, der hier *und* dort zum Ortstarif erreichbar ist. Sind Sie gar regelmäßig im Ausland, empfiehlt sich ein (zusätzlicher) Zugang über CompuServe, da dieser Online-Dienst nahezu überall auf der Welt Einwahlpunkte anbietet.

*Die interkontinentale Lovestory von Gard und Bethani im WWW*

Spannend, bunt und unterhaltsam wird das Netz natürlich erst durch und für diejenigen, die sich darin bewegen (können). So lernten sich beispielsweise der 22jährige Norweger Gard Eggesboe Abrah und seine jetzige Verlobte Bethani Snakenberg, 23, im Netz kennen: Bethani wohnt in Atlanta, Georgia, und besuchte zufällig Gards WEBSEITE. Dort hinterließ sie eine Nachricht und die Frage: „Have you ever found love on the net?“ Instinktiv beschloß Gard, ihr zu antworten. Die beiden wurden mehr als elektronische Brieffreunde, Bethani besuchte Gard in Norwegen, sie verlobten sich. Inzwischen ist Gard nach Kanada gezogen, da ihm dort per Internet ein Job angeboten wurde, und Bethani wird bald folgen. Programmierer Gard bezeichnet sich strahlend als „happiest guy in the world“. In seiner neuen Heimat wird er möglicherweise den Exil-Kuwaiter Shadi Shalabi kennenlernen, der auf seiner Webseite der Welt „coole LINKS“ vorschlägt und über seinen Ausbildungsweg sowie seine Heimatstadt informiert. Nikolai Golecki bewegt sich im „globalen Dorf“ der Computerwelt ebenso souverän wie in der Echtwelt: „Ich studiere in

WEBSEITE
Interaktive Angebotsseite im World Wide Web

LINKS
Kurz für „Hyperlink“, elektronischer Verweis ➔ Seite 27

Passau Südostasienkunde, gehe für einen Monat nach Indonesien. Zur Vorbereitung habe ich die NEWSGROUP *soc.culture.indonesia* und *rec.travel.asia* gelesen und mich auf Webseiten über Indonesien informiert: in Schrift, Bild, Ton." Dennoch hat er Zweifel am allgegenwärtigen Stichwort „Multimedia": „Für PCs gibt es Multimedianormen. Wird man jedoch im wahren Leben vom Auto überfahren, kann man es hören, sehen, fühlen und das Benzin riechen. Ein wahrhaft multimediales Spektakel!"

NEWSGROUP
➔ Seite 78

Auf den immer noch unschätzbaren wissenschaftlichen Wert des Internet weißt Dr. Kurt Weissen aus Zürich hin, Ausbildungsleiter der Migros (70 000 Beschäftigte) und Mediävist (Historiker mit Fachgebiet spätmittelalterliche Wirtschaftsgeschichte): „Ich will einen Aufsatz über die Entwicklung der Immobilienpreise im 15. Jahrhundert schreiben und habe von Kollegen aus aller Welt Informationen erhalten, die mir die Arbeit unglaublich erleichtert haben. Außerdem suchte ich seit Jahren eine Schrift für Word, mit der ich mittelhochdeutsche Diphtongierungszeichen eingeben kann. Im Internet lernte ich innerhalb von zwei Tagen einen Fachmann an der Uni Tübingen kennen, der mir weiterhelfen konnte." Das großartige am Internet ist das, was es von allen anderen Computernetzen der Welt unterscheidet: Es ist nonkommerziell und allumfassend – deshalb ist für jeden was dabei!

*Die Leitseite für Indonesien-Infos. Gibt's auch für (fast) alle anderen Länder*

... machen, wenn du etwas ironisch meinst/ NEWBIE: Das ist ja niedlich. Gibt es davon noch...

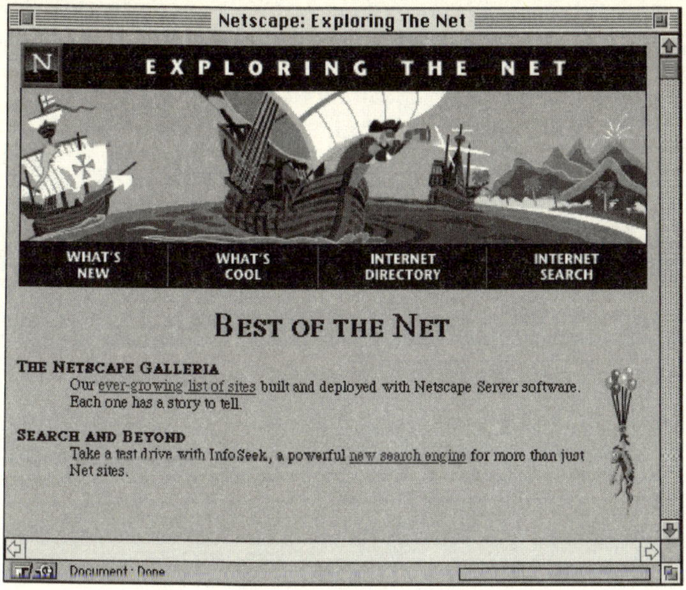


*Netscape ist eines der vielseitigsten Programme für die Reise durch das World Wide Web*

# Keine Angst vor großen Zahlen

**Idealerweise haben Sie schon einen Computer. Weiterhin benötigen Sie ein Modem und einen Telefonanschluß – und schon kann's losgehen!** Auf der Festplatte Ihres Computers sollten noch rund vier MB Platz für die notwendigen Programme sein. Ein MODEM kostet heutzutage nicht mehr viel (ab ca. 100 Mark). Achten Sie aber darauf, daß Ihr Modem – wenn Sie ein neues kaufen – mindestens 14400 BAUD bewältigt: Das kostet mehr als 100 Mäuse, spart am Ende aber Nerven und Telefoneinheiten. Zum Modem dazu gibt's eine kleine Strippe, die Sie in die handelsüblichen Telefondosen stecken können. Falls das nicht klappt, haben Sie entweder noch eine alte Telefondose oder die falsche Strippe.

Normalerweise können Sie ein Telefon und zwei sogenannte Nebengeräte (z.B. Anrufbeantworter oder Telefax) an einer einzigen Telefondose betreiben. Das reicht zum Testen allemal, aber Sie

**MODEM**
Ein Kästchen oder eine Steckkarte, mit der Computersignale in die Telefonleitung eingespeist werden

**14400 BAUD**
Datenübertragungsgeschwindigkeit. Einfach so dem Händler sagen

TIP

Das teuerste und schnellste Modem – oder auch ein ISDN-Anschluß – nützen nicht unbedingt sehr viel, weil die Internet-Datenleitungen oft überlastet sind

sind dann während Ihrer Internet-Sessions nicht telefonisch erreichbar (und glauben Sie uns: Sie werden viel mehr Zeit im Internet verbringen, als Sie sich jemals haben vorstellen können).

Ein externes Modem (das nicht in den Computer eingebaut wurde) müssen Sie übrigens auch an Ihren Rechner anschließen, und zwar beim PC an einen freien COM-Port (für: Communication), beim Mac an den Modem- oder Druckerport. Stecker und Kabel für den Anschluß am PC liegen dem Modem ebenfalls bei, falls Sie es nicht dummerweise auf dem Flohmarkt erworben haben. Ein Anschlußkabel für den Mac müssen Sie extra kaufen. Ein solches Modem braucht außerdem Strom – auch das Netzkabel sollte dabeisein. Manchmal gibt's auch eine Bedienungsanleitung, aber die ist – wenn überhaupt vorhanden – natürlich grundsätzlich von einem lallenden Drittklässler aus dem Japanischen ins sprachliche Niemandsland katapultiert worden.

Etwas Zeit in die **Providersuche** zu investieren lohnt sich, denn die monatlichen Preise schwanken zwischen 30 und durchaus über 300 Mark. Grundsätzlich gibt es zwei Tarifarten: von Zeit oder von Datenmengen (wie auch bei CompuServe, Btx u.a.) abhängige Zahlungsweisen und Pauschalen. Wer das Internet, insbesondere das datenübertragungsintensive WWW, regelmäßig nutzt, liegt „pauschal" günstiger. Eine kleine praktische Providerliste finden Sie auf Seite 23.

PROVIDER
→ Seite 10

Als nächstes müssen Sie sich für einen PROVIDER entscheiden, es sei denn, ein Online-Anschluß der passenden Art (zum Beispiel Btx, CompuServe) ist bereits vorhanden.

MAILBOXEN
Lokale Softwarelager, nur mit Extraprogramm nutzbar

DOWNLOADEN
Computerdeutsch für: auf Ihren Computer herunterladen

Wenn Sie jetzt immer noch Lust haben, weiterzumachen, müssen Sie sich die notwendige Software beschaffen. Grundsätzlich gilt: Sämtliche Internet-Software erhalten Sie – im Internet! Das ist praktisch, was? Eine durchschnittliche Behörde hätte es sich nicht raffinierter ausdenken können. Aber: Sie bekommen Internet-Programme auch in den meisten MAILBOXEN, auf CD-Roms, die zahlreichen Computerbüchern und -zeitschriften beiliegen, oder – das ist die einfachste Möglichkeit – von Ihrem Provider! Wenn Sie etwa über CompuServe ins Internet wollen, können Sie über CompuServe die nötige Software DOWNLOADEN. Wenn Sie einen reinen Internet-Provider nutzen wollen, schickt der Ihnen gegen eine verhältnismäßig geringe Kopiergebühr die für Privatanwender im Regelfall kostenlosen Programme auf Disketten zu.

Sie benötigen ein SOCKET-Programm, das im Grunde nur den Einwahlknoten anruft (dieses Programm brauchen Sie nicht immer, wenn Sie über einen anderen Anbieter kommen). In einigen neueren Betriebssystemen (beispielsweise Windows 95 von Microsoft) ist dieses Programm bereits integriert. Keine Angst: Diese Programme sehen zwar alle unterschiedlich aus, leisten aber in etwa dasselbe.

**SOCKET**
Dieses Programm wählt den Provider-Computer an und stellt die Verbindung zum Internet her. Häufig tragen diese Programme Namen, in denen „Custom“, „PPP/SLIP“ und/oder „TCP/IP“ vorkommen

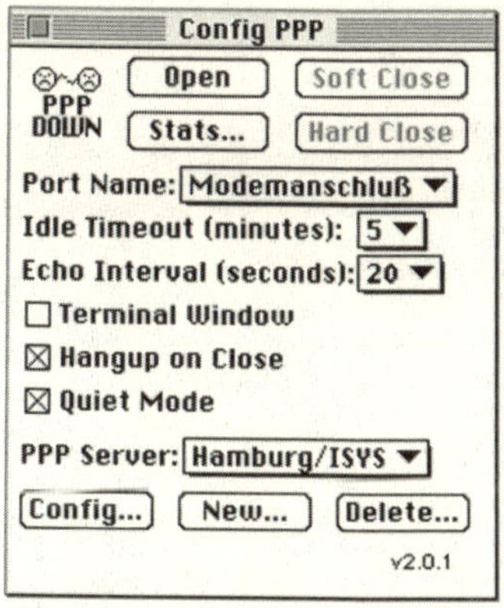


*Ein Mac-„Socket“ bei der Arbeit*

Weiterhin benötigen Sie möglichst Netscape (sonst z.B. Mosaic), das sind sogenannte WWW-CLIENTs. Falls Sie keinen WWW-Client bekommen können, tut's zunächst auch ein FTP-Client (zum downloaden eines WWW-Clients und anderer Programme, siehe Seite 76). Darauf sollten Sie sich aber wirklich nur im äußersten Notfall einlassen! Wenn Sie einen DOS/Windows-Rechner haben, verlangen Sie unbedingt ein Windows-Programm! Fast alle Programme sind auch für DOS erhältlich, und dann dürfen Sie so herrliche Befehlszeilen eingeben wie: *rcp-r prjekt-verzfinger:dideldumrsh-fingerls-ldideldum,* und das war noch ein kurzes Beispiel... Als erstes müssen Sie nun Ihr Socket-Programm konfigurieren. Wenn Sie in einer Firma arbeiten und es dort einen Computerspezialisten gibt, lassen Sie ihn das machen! Wenn nicht, müssen Sie sich durch zahlreiche Menüs und Untermenüs klicken und Angaben eingeben, die Ihnen Ihr Provider zugeschickt hat. Alle guten Provider helfen Ihnen telefonisch

**CLIENT**
Programm, das auf Ihrem Computer läuft und mit einem sogenannten Server-Programm auf einem anderen Computer zusammenarbeitet

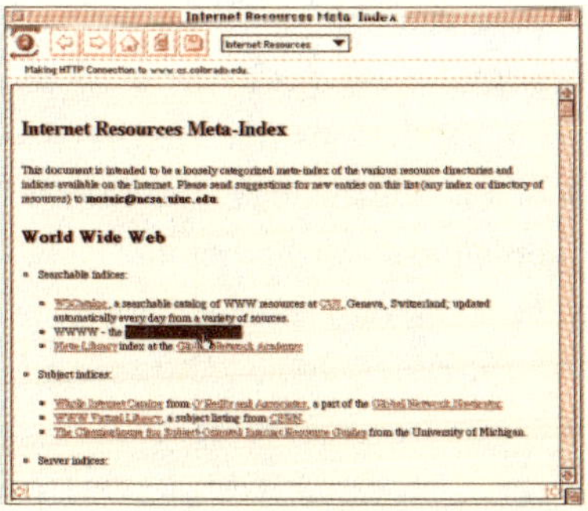


*Mosaic ist ein mit Netscape vergleichbarer WWW-Client*

dabei, und dort kennt man auch die gängigsten Programme! Grundsätzlich sind die meisten – aber nicht alle! – Angaben im Menü/Untermenü „Set-up" oder „Configuration" zu machen. Es hilft, wenn Sie ein bißchen Englisch können oder sich jemand einladen, der es kann. Folgende Angaben muß jedes dieser Programme von Ihnen erfahren :

*In mehreren solchen (oder ähnlichen) Fenstern müssen Sie lange Ziffernfolgen und kryptische Kürzelworte fehlerlos eingeben*

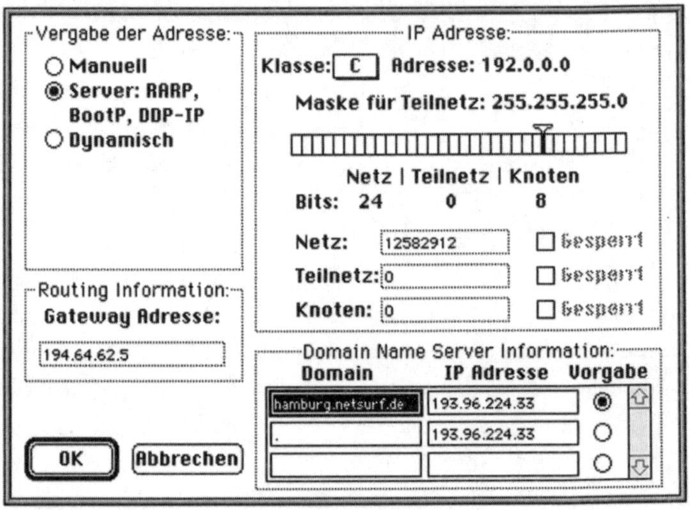


- **Ihre IP-Adresse** (das ist eine lange Zahl mit drei Punkten mittendrin, zum Beispiel: 193.98.8.93). Die schreiben Sie entweder (mit den Punkten!) in ein langes Feld, oder – falls Sie vier kurze Felder vorfinden – Sie tragen in jedes dieser Felder nur die Ziffern zwischen zwei Punkten ein!
- **Ihren Host Name,** das ist der „Name" Ihres Rechners, den Ihnen der Provider zuteilt
- **Den Domain Name** Ihres Providers (das ist ein „Name" aus Buchstaben, keine Zahlenreihe)
- **Angaben zum Modem.** Im Zweifelsfall versuchen Sie es mit der niedrigsten Baudrate, 8 Data Bits, 1 Stop Bit, Parity None, Flow Control None, und dann geben Sie noch den Anschluß des Modems an (meist COM1 oder COM2). Wenn Sie die Baudrate kennen (steht in der Anleitung oder auf dem Karton des Modems), geben Sie gleich die korrekte – schnellere – ein

- **Weitere Angaben zum Modem.** (Dachten Sie etwa, das war's schon?) Meist sind verschiedene US-Firmen bereits eingestellt; viele Modems sind Hayes-kompatibel – versuchen Sie es einmal (oder fragen Sie einfach die Leute, bei denen Sie das Modem gekauft haben). Oft klappt's auch mit den Einstellungen ATX3 oder ATX4. Keine Angst: Sie können nichts kaputtmachen. Meist müssen Sie hier auch einen „Dial Prefix" angeben, der entscheidet, ob Sie mit Ton- oder Pulswahl arbeiten. Wenn Sie es nicht wissen, nehmen Sie ADTP für Pulswahl. ADTD steht für die in Amerika und einigen Großstädten verfügbare Tonwahl
- **Die Einwahlnummer** (das ist nicht die Nummer, unter der Sie mit Ihrem Provider telefonieren können, sondern eine separate Nummer, unter der sich ein Internet-Computer meldet). Sie erfahren die Nummer von Ihrem Provider
- **Ihren User Name** (teilt Ihnen der Provider zu) und Ihr **Password** (ebenfalls vom Provider). Das Password brauchen Sie übrigens immer wieder mal, etwa für MAILPROGRAMME
- Und irgendwo müssen Sie noch einen **Domain Server**, **Domain Name Server** oder **DNS** angeben, das ist wieder eine dieser komischen, ewiglangen Zahlenreihen. Punkte nicht vergessen!

MAILPROGRAMM
Kann elektronische Post senden und empfangen. Das Passwort stellt sicher, daß nur der autorisierte Empfänger Mails abrufen kann
➔ Seite 74

**Konfigurationsprobleme — und wie man sie vermeidet!** Alles richtig eingegeben? Wirklich alles?! Jeder Punkt ist wichtig, jeder Schreibfehler bringt den Computer um den Verstand! Auch das Password (wird oft nur als *** angezeigt) muß stimmen! Wenn Sie von einer Nebenstellenanlage aus telefonieren (z.B. in Büros, aber auch bei einem privaten Haupt- und Nebenstellenanschluß), müssen Sie je nach Anlage vielleicht eine 0 vorweg wählen. Es kann auch nötig sein, nach der Null ein Komma oder einen Bindestrich einzufügen, um eine Wählpause anzuordnen. Deren Länge können Sie oft auch noch definieren — verlängern Sie sie, das wirkt oft Wunder.

Meist bekommen Sie von Ihrem Provider wesentlich mehr Angaben – manche sind unter verschiedenen Namen mehrfach aufgeführt, andere braucht vielleicht nur Ihr Socket-Programm und kein anderes. Aber wenn Sie eine der oben aufgeführten Angaben nicht unterbringen können, wird die ganze Geschichte mit Sicherheit nicht funktionieren.

TIP

Beachten Sie die Meldungen im „Log"-Fenster, denn dort erscheinen ggf. Fehlermeldungen und Eingabe-Aufforderungen

Wenn das überstanden ist und Sie erst mal Kontakt mit dem Internet-Computer des Providers aufgenommen haben, kann nicht mehr viel schiefgehen – drin ist drin ist dann das Motto! Meist erscheint ein „Log"-Fenster, wenn Sie versuchen, den Provider anzuwählen (oder Sie können eins öffnen), so daß sie verfolgen können, ob die Verbindung zustande kommt.

Noch ein Tip: Sie müssen auch ALLE ANDEREN Programme einzeln konfigurieren (so schwachsinnig das auch erscheinen mag, die Maschine kann's nicht anders). Suchen Sie also jeweils nach dem Menü „Setup", „Configuration" oder „Preferences", und beantworten Sie die Fragen, bzw. füllen Sie die Kästchen aus. Netscape startet auch so, läuft konfiguriert aber besser.

Falls Sie einen WWW-Client haben, können Sie jetzt gleich loslegen. Wenn Sie nur FTP haben, laden Sie sich bitte den WWW-Client Netscape. Sie wählen sich bei Ihrem Provider ein. Sie starten Ihr FTP-Programm. Host: *ftp.netscape.com*. Host Type: *Auto detect*. User ID: *anonymous*. Passwort: *guest@*. FTP ist grundsätzlich ein langsamer Dienst, und gerade die Netscape-Server sind oft überlaufen.

FTP
Methode des Dateidownloaden
→ Seite 76

Also: Wenn es nicht klappt, noch mal versuchen oder an den Provider wenden. Oft liegt Netscape auch auf dessen FTP-Server.

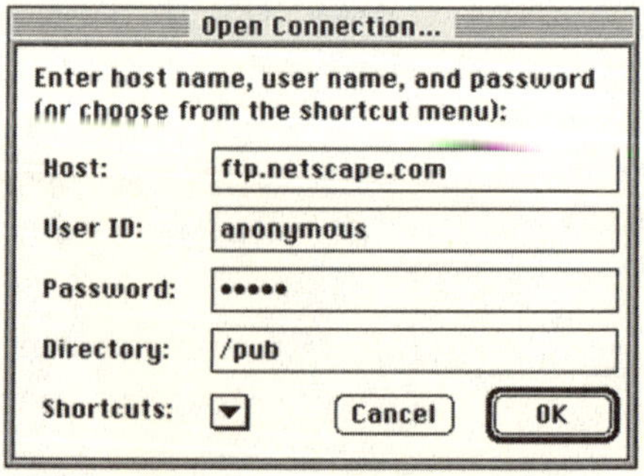


*So – oder ganz anders – sieht das FTP-Startfenster aus. Die Angaben müssen jedoch immer gemacht werden*

Dabei müssen Sie immer darauf achten, das Programm für Ihr Betriebssystem zu bekommen: Mac, Windows oder was auch immer. Übrigens: Die Bilder in diesem Buch stammen von einem Apple Macintosh, alle Angaben sind aber auf DOS/Windows-Rechner übertragbar und gelten sogar weitgehend für alle anderen grafischen Betriebssysteme wie OS/2, X-Windows, aber auch für Atari und Amiga. Das ist das Schöne am Internet: Alle Rechner sind eine große Familie!

Dasselbe gilt für alle anderen WWW-BROWSER: Sie funktionieren sehr ähnlich, können jedoch einige spezielle Aufgaben nicht erledigen, die Netscape mühelos bewältigt.

Informationen über alle weiteren Internet-Dienste, über wissenschatfliche Informationsrecherche wie e-mail usw. finden Sie in Kapitel 6.

**WWW-BROWSER** Programme, mit denen man durchs World Wide Web braust (wörtl.: stöbert, bummelt)

Wenn Ihnen das alles jetzt doch etwas zu kompliziert erscheint, bitten Sie am besten jemanden um Hilfe, der sich bereits im Internet auskennt. Das kann ein Freund oder Arbeitskollege sein, aber natürlich auch Ihr Provider. Gegen eine Kopiergebühr von etwa dreißig Mark (Selbstkostenpreis für Diskette, Kopieren und Porto) schicken Ihnen viele Provider alle nötigen Programme (oft samt Kurzanleitung) ins Haus. Ähnliches bieten auch viele Shareware-Anbieter (Anzeigen in jedem Computermagazin). An gut sortierten Kiosken erhalten Sie derzeit auch allerlei Zeitschriften mit CDs, auf denen Netsurf-Programme zu finden sind (was Ihnen natürlich gar nichts nützt, wenn Sie kein CD-Rom-Laufwerk haben). Woher auch immer Sie jedoch Ihre Shareware beziehen: Aller Wahrscheinlichkeit nach ist sie veraltet! Denn alle paar Monate erscheinen Updates (neue Versionen) oder gar ganz neue Programme. Nutzen Sie also die alten Versionen, um sich im Netz umzusehen - und laden Sie sich so bald wie möglich neue Ausgaben herunter, denn viele WWW-Seiten kann man inzwischen nur noch mit den aktuellsten Browsern betrachten, da nur sie die speziellen Multimedia-Codierungen verstehen können.

**Einige große deutsche Internet-Provider:**
Contrib-Net (u.a. Berlin, Köln, Frankfurt, München): 030/25301200.
XLink (u.a. Dresden, Leipzig, Rostock, Hamburg, Castrop-Rauxel, Mainz, Ulm, Nürnberg, Würzburg): 0721/96520.
EUnet (u.a. Aachen, Bonn, Halle, Hannover, Jena, Kiel, Stuttgart): 0231/97200.
MAZ (u.a. Hamburg, Kiel, Bremen, Konstanz, Leverkusen, Erkrath): 040/766 290. Point of Presence (POP, u.a. Hamburg, Bremen, Oldenburg): 040/25 19 20 25. Alle diese Provider bieten Einwahlknoten in mehreren Städten an — bitte (ebenso wie die Tarife) persönlich erfragen. Ausführlichere Listen und ggf. Tips erhalten Sie — wieder einmal — im Netz selbst.
Infos über CompuServe-Angebote erhalten Sie unter Tel. 0130/114678; für Telekom Online (Btx) gibt's alle nötigen Meldescheine beim Postamt.

**File Edit View Go Bookmarks Options Directory Window**

BACK
Zurück zur letzten angezeigten Seite (noch auf Ihrer Festplatte gespeichert)

FORWARD
Zur vorher gesehenen Seite (nur nach Back möglich)

HOME
Zur (unter Menüpunkt Options| General| Appearance vordefinierten Home-page

RELOAD
Seite noch mal laden (bei Übertragungsabbruch oder -fehler)

IMAGE
Bilder (nach)laden, wenn sie nicht (automatisch) übertragen wurden

TITELLEISTE
Hier steht der Name (nicht die Adresse) der angezeigten Seite

NETSITE/ULR
Hier steht die Computeradresse des angezeigten Dokuments (inkl. Verzeichnis-Pfad auf dem angewählten Rechner)

BILD
Auf manchen Bildern verwandelt sich der Mauszeiger in einen Finger: Hinter diesen Netzlandkarten verbergen sich Hyperlinks

SCHLÜSSEL 
Bei ver**schlüssel**ten Dokumenten ist der Schlüssel ganz, bei frei lesbaren zerbrochen

BYTES PER SEC
Geschwindigkeit, mit der die Daten übertragen werden; dazu: bereits übertragener Prozentanteil des Dokuments

WHAT'S NEW?
Lädt die Neuigkeitenseite von Netscapes WWW-Angebot

WHAT'S COOL?
Lädt eine Seite mit coolen Hyperlinks, zusammengestellt von Netscape

HANDBOOK
Alphabetisiertes Netscape-Handbuch und Hilfe. Nur online verfügbar

MENÜLEISTE
Über diese Menüs sind weit mehr Befehle verfügbar als über Buttons. Besonders wichtig: „Options" – hier wird konfiguriert. Und: Bookmarks – Schnellwahlspeicher für WWW-Seiten

NETSCAPE
Während Netscape eine Seite sucht bzw. lädt, huschen kleine Sternschnuppen durch das Bild. Ein Doppelklick wählt direkt die Netscape-Homepage an

SCROLLING-LEISTE
Bewegen das Dokument nach oben und unten bzw. rechts und links

TEXT
Unterstrichene und/oder farbige Begriffe im Text, sogenannte Hyperlinks, können mit der Maus angeklickt werden. Dann erscheint eine neue Seite oder ein Zusatzinfo

ICON
Farbig umrandete Icons in einem Dokument sind ebenfalls Hyperlinks (vgl. Stichwort TEXT)

BALKENANZEIGE
Bereits geladener Anteil des gewählten Dokuments wird hier gezeigt

PRINT
Angezeigtes Dokument inkl. aller Bilder ausdrucken; sieht meist schauerlich aus

OPEN
Erzeugt ein Fenster, in dem Sie eine URL-Adresse eingeben können. Das geht auch direkt in der netsite-Zeile.3

STOP
Abbrechen des Seitenaufbaus (wenn z.B. wegen Leitungsüberlastung große Grafiken mikrometerweise erscheinen)

FIND
Durchsucht den Text des angezeigten Dokuments nach einem Wort

NET SEARCH
Stichwort-Suchfunktion von Netscape; Link-Listing weiterer Suchprogramme

NEWSGROUP
Öffnet den in Version 2.0. neu hinzugekommenen Newsreader von Netscape

NET DIRECTORY
Thematisch vorsortierte Linkliste von Kunst über Gesundheit bis Soziales

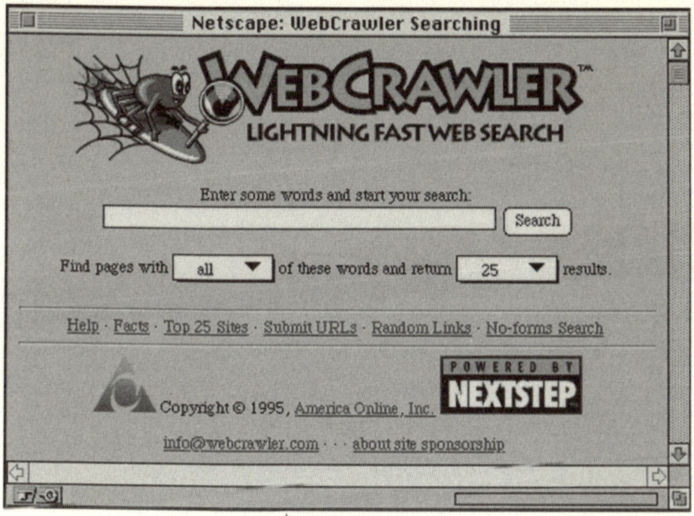


*Bunt, beliebt und bietet viel: Suchprogramm Webcrawler*

# Wer sucht, der findet – irgendwann

**Erst das World Wide Web – kurz: WWW – hat das Internet begreifbar und für jedermann nutzbar gemacht. Ohne WWW könnten Sie und wir und weitere 99,9 Prozent der Menschheit nichts** mit all den wunderschönen Infos und Bildern und Sounds und, und, und anfangen. Das WWW ist eine grafische Benutzeroberfläche, in die sogenannte HYPERLINKS eingebettet werden. So entsteht eine Art riesige Zeitung, deren Seiten durch die Links verbunden sind. Alle Computer dieser Welt, egal mit welchem Betriebssystem, können mittels des richtigen WWW-BROWSER das WWW-Angebot nutzen. Extra für das WWW entwickelten Informatiker die Scriptsprache HTML. Vom WWW aus kann man auch die meisten der übrigen Internet-Dienste (wie elektronische Post, Datentransfer usw.) in begrenztem Umfang nutzen, diesen Service baut Netscape derzeit weiter aus.

Und jetzt geht's los! Zuerst starten Sie Ihr Socket-Programm und stellen die Verbindung zum Provider her (oder Sie starten

**HYPERLINKS**
Besonders markierte Worte oder Sätze, auch Bilder, sogenannte Icons. Klickt man darauf, wird ein neues Dokument, ein Sound oder Bild aufgerufen

**WWW-BROWSER**
→ Seite 23

**HTML**
Die *Hyper Text Markup Language* versteht jeder WWW-Browser. Vor dem Dateinamen das Kürzel HTTP: *Hyper Text Transfer Protocol*

Ihren Online-Dienst und wählen das Internet-Gate). Dann starten Sie Netscape. Nun sitzen Sie also mitten in diesem unfaßbaren, grellbunten, unterhaltsamen Datenmeer – aber was ist zu tun? Wie kommen Sie weiter? Wie finden Sie gar das, was Sie suchen, brauchen oder wissen wollen?

**TIP**
Wenn Sie nicht gut Englisch verstehen, lesen Sie bitte auf Seite 63 weiter, dort werden die deutschsprachigen Internet-Angebote detailliert vorgestellt

Dafür gibt es die sogenannten „Search Engines" (auch „Search Machines" oder Suchmaschinen). Mit Hilfe dieser über WWW nutzbaren Programme können Sie nach jeder beliebigen Wortkombination suchen (lassen). Einen Search Engine findet Ihr WWW-Browser höchstwahrscheinlich schon mal wie von allein: den des Anbieters. So haben Netscape, Mosaic u.a. jeweils eigene, programmierte Suchprogramme. Das von Netscape erreichen Sie über das Menü „Directory|Internet Search" oder den Button „Net Search". Es gibt auch noch zahllose andere Suchprogramme, und täglich werden es mehr. Zu den wichtigsten und beliebtesten gehören Yahoo und Lycos. Sie kontakten diese, indem Sie – je nach Browser – in die Zeile „Location" oder „Go To" oder „Open Location" (Achtung! Nicht: „Open File"!) oder „URL" eintippen: *www.yahoo.com* oder *lycos.cs.cmu.edu* und danach die Return-Taste drücken oder auf OK klicken.

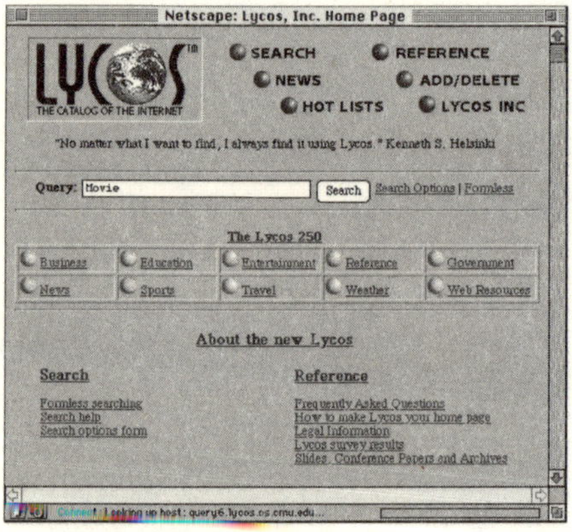


*Filmfans und Cineasten können Lycos nach allen Infos zum Thema „movie" suchen lassen*

Das Arbeitsprinzip der Search Machines ist immer gleich, allerdings bieten manche zusätzliche Verknüpfungsmöglichkeiten an. Der größte Unterschied liegt jedoch im jeweiligen META-INDEX, die bei den verschiedenen Search Machines durchaus differieren können. Das heißt: Was Lycos nicht findet, kann es trotzdem geben (es steht halt nur nicht im Lycos-Index). Normalerweise geben Sie einfach das Wort ein, nach dem Sie suchen, klicken auf „Search" oder „Submit" und lehnen sich entspannt zurück.

**META-INDEX**
Mega-Verzeichnis zahlloser WWW-Angebote nach Themen; zugleich Register für die Suchaktion

Je nach Übertragungsmodus erhalten Sie noch einen Warnhinweis, daß Ihre Angaben vielleicht auf der Datenreise mitgelesen werden könnten. Das ist jedoch in diesem Fall sicherlich „ok".

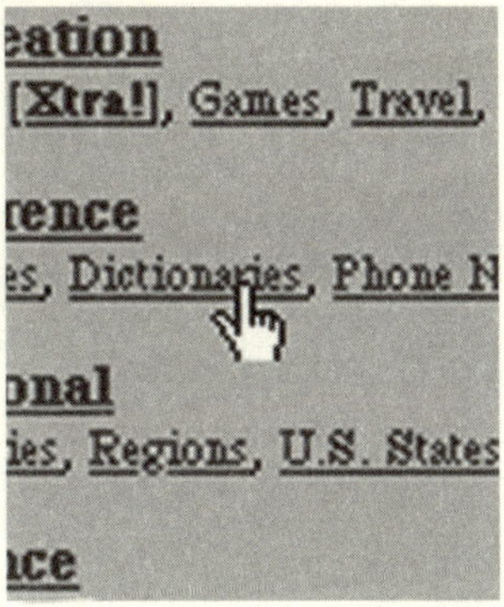


*„Zeigen" Sie Ihrem WWW-Browser, wo er hin soll!*

Nehmen wir einmal an, Sie interessieren sich für Kino. Dann könnte Ihr Suchbegriff „movie" lauten. Wollen Sie jedoch nur über Hollywoodfilme informiert werden, sollten Sie unter „Search Options" die „Und"-Variante wählen: „movie" und „hollywood". Hier lassen sich auch noch einige andere Feineinstellungen vornehmen. Grundsätzlich gilt: Je weniger Worte Sie eingeben, desto mehr Suchergebnisse erhalten Sie. In der Ergebnisliste sind dann kryptische Zeilen bunt gefärbt und unterstrichen. Das sind die sogenannten URLs, die „Adressen" der gewünschten Informationen. Bewegen Sie jetzt den Mauszeiger auf eine dieser bunten Zeilen, dann wird er zu einer Hand mit ausgestrecktem Zeigefinger. Einmal klicken, und Sie springen auf die angewählte Seite. Fertig ist der quicke Hyperlink quer durch Zeit und Raum...

URL
Abk. für: *Uniform Resource Locator*

Sie haben eine harte Nuß zu knacken, suchen die **Nadel im Heuhaufen?** Dann können Sie natürlich Search Engine für Search Engine durcharbeiten – oder es bei Savvy Search probieren! Unter *www.cs.colstate.edu/~dreiling/smartform.html* werden Anfragen an fünf bis zehn Suchmaschinen gleichzeitig geschickt, die Antworten werden optisch schön gebündelt.

Das möglicherweise wichtigste Bedienungselement ist nun der Button mit der Aufschrift „Back" (erreichen Sie auch über das Menü „Go|Back"). Damit springen Sie direkt wieder auf die vorher angezeigte Seite zurück, wenn Sie das gewählte Angebot doch nicht interessiert. Wollen Sie bleiben, bewegen Sie sich, wie bei Windows bzw. auf dem Mac gewohnt, mit den SCROLLING-Leisten durch das Dokument. Entdecken Sie einen weiteren Hyperlink, oder wird der Mauszeiger irgendwo auf der Seite (z.B. auf einem Symbol oder einem Bild) zum Finger, dann klicken Sie einfach mal...

SCROLLING-Leisten: Das sind die grauen Leisten unten und rechts am Bildschirmrand, mit denen Sie das Dokument auf und ab bzw. nach rechts und links schieben können

Aus zwei Gründen können Sie mit den Ergebnissen der Search Machine Probleme bekommen. Erstens wenn der Rechner, auf dem sich das Angebot befindet, ausgeschaltet oder kaputt ist, oder wenn die Datei gelöscht oder umbenannt wurde (letzteres heißt: „umgezogen ist"). Dann sucht der Browser vergeblich und spuckt schließlich eine im Normalfall unverständliche und/oder unsinnige Fehlermeldung aus. Dumm gelaufen, Pech gehabt.

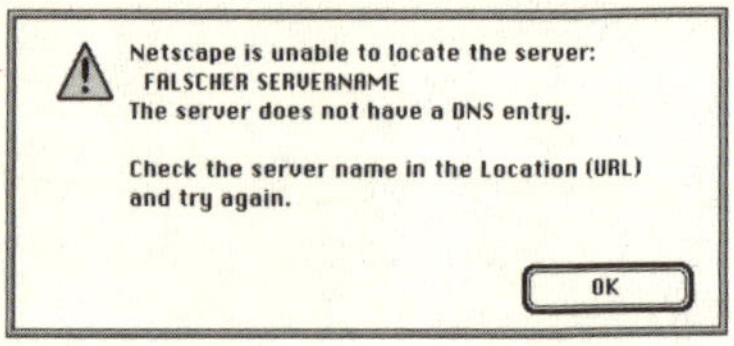


*Tippfehler, Computer- oder Leitungsstörungen sorgen für eine Fehlermeldung*

Zweites Problem kann sein, daß sich einfach gar nichts zu tun scheint. Der Cursor hat sich in die allseits beliebte Sanduhr verwandelt, und das war's. Aber: Solange sich das Netscape-N rechts oben noch bewegt, ein roter Balken rechts unten vorankriecht oder immer größer werdende Zahlen („57% von 10 675 KB geladen") in der Statuszeile ganz unten erscheinen, quetschen sich höchstwahrscheinlich einfach nur datenintensive Informationen durchs Datennetz, etwa großflächige Bilder. Darum dauert es auch wesentlich länger die bildlastige WebSite des Kinoriesen Touchstone Pictures (*bvp.wdp.com/MoviePlex/Domestic/Touchstone/TouchstoneHome.html?LO=I&GL=G*) zu laden, als unter *www.pathfinder.com/@@gwIWA4EFUwIAQNo7/ew/contents.html* die Zeitschrift Entertainment Weekly aufzurufen. Und wenn Sie zufällig einen Computer angewählt haben, der zeitgleich als Server in einer Firma arbeiten muß, verzögert sich die Übertragung noch mehr. Dann heißt es schnell mal: „Server is busy". Also: nicht gleich aufgeben. Und falls Sie die Warterei dennoch satt haben, hilft der „Stop"-Button! Haben Sie die Seite endlich auf dem Schirm, stoßen Sie schnell auf interessante Verweise und Tips. Sie klicken auf diesen Hyperlink, Sie rufen jene Information ab – und

TIP

Kein Anschluß unter dieser URL? Probieren Sie immer alles zweimal! Manchmal ist der andere Rechner nur zu langsam für Ihr Programm gewesen, und beim zweiten Mal klappt der Kontakt hervorragend

*Hübsch aber langsam: Touchstone Pictures*

schon surfen Sie auf dem Daten-Highway, Sie flitzen von Rechner zu Rechner, ohne sich um Ländergrenzen und Zollbestimmungen zu kümmern, und nur selten werden Sie bemerken, auf welchem Fleckchen Erde Sie sich datenmäßig gerade befinden. Freier kann weltweiter Informationsfluß nicht sein.

Angenehmerweise kostet dieses faszinierende „Computerzapping" nur die Telefongebühr zum nahegelegenen Provider. (Stellen Sie sich bloß einmal vor, die Leitung zum High-Speed-Computer in Australien würde von Ihrem Fernmeldekonto abgebucht...!) Trotzdem kommen schnell ein paar Stunden im Netz zusammen, und die kosten dann doch ganz gehörig Kleingeld. Da sich die Tarifstruktur der Telekom ab Januar 1996 grundlegend ändert, haben wir für Sie einmal beispielhaft Online-Kosten verglichen. Postminister Wolfgang Bötsch (CSU) behauptet, die Tarifreform sei im Sinne der Kunden, und Telefonieren würde größenteils billiger. Aber Multimedia, Dateiübertragungen und Online-Dienste werden in den meisten Fällen teurer...

TIP

Wenn Sie deutsch(sprachig)e WWW-Angebote suchen, probieren Sie es mal mit www.leo.org/search_index.html

Eine Einheit kostet ab 1. Januar 1996 12 Pfennig (bisher 23 Pfennig), wird aber erheblich kürzer

| TARIFZEITEN | Zeittakt im Ortsnetz – eine Einheit dauert... | Das kosten 6 Min. Ortsgespräch | Das kosten 3 Min. Ferngespräch bis 200 km | Das kosten 3 Min. Ferngespräch über 200 km |
|---|---|---|---|---|
| FREIZEIT 5 bis 9 Uhr | 2,5 Minuten, bisher: 6 bis 12 Minuten | 36 Pfennig, bisher: 23 Pfennig | 1,08 DM, bisher: 1,15 bis 2,07 DM | 1,08 DM, bisher: 1,15 bis 2,07 DM |
| SPITZENLAST 9 bis 12 Uhr | 1,5 Minuten, bisher: 6 Minuten | 48 Pfennig, bisher: 23 Pfennig | 1,80 DM, bisher: 2,07 DM | 1,92 DM, bisher: 2,07 DM |
| STANDARD 12 bis 18 Uhr | 1,5 Minuten, bisher: 6 Minuten | 48 Pfennig, bisher: 23 Pfennig | 1,68 DM, bisher: 2,07 DM | 1,80 DM, bisher: 2,07 DM |
| FREIZEIT 18 bis 21 Uhr | 2,5 Minuten, bisher: 12 Minuten | 36 Pfennig, bisher: 23 Pfennig | 1,08 DM, bisher: 1,15 DM | 1,08 DM, bisher: 1,15 DM |
| ABEND 21 bis 5 Uhr | 4 Minuten, bisher: 12 Minuten | 24 Pfennig, bisher: 23 Pfennig | 0,72 DM, bisher: 1,15 DM | 0,96 DM, bisher: 1,15 DM |

Denn da die meisten Telefonate - und insbesondere lange SURF-ORGIEN - zum Ortstarif stattfinden, wird Netsurfen zweifellos teurer. Außer für Landeier, deren Ferngespräche zum Provider-Einwahlknoten nun deutlich billiger kommen.

SURF-ORGIEN

...werden teurer. Derzeit wird noch debattiert, ob DFÜ-Kosten verbilligt werden. Doch das ist unwahrscheinlich

Entscheidend beeinflußt werden die Kosten auch vom Tarif des Providers: WWW-Seiten werden immer aufwendiger, und wenn Sie nach transportiertem Datenvolumen zahlen, kann das ganz schnell teuer werden.

Das soll Sie nun keineswegs davon abhalten, sich diesem vergnüglichen Abenteuer hinzugeben. Aber vor bösen Überraschungen wollen wir Sie eben schon bewahren. Zumal es einige Tips gibt, die ganz schön Geld sparen helfen:

- Lesen Sie offline! Gerade lange Textdokumente muß man gründlich lesen, egal ob wissenschaftliche Texte oder komplizierte Spielanleitungen. Das braucht Zeit. Sie können jedes (!) angezeigte WWW-Dokument mit dem Befehl „File|Save As..." speichern. Danach unterbrechen Sie im Socket-Programm die Telefonverbindung zu Ihrem Provider, laden das Dokument dann wieder von der Festplatte in Ihren Browser („File|Open File...") und lesen es später in aller Ruhe

Netscape: sp41034.html

**"Wandelnde Zeitbombe"**

**Potentielle Opfer bekamen Polizeischutz, bundesweit suchten Fahnder vergangene Woche nach dem Frauenmörder Thomas Holst. Dessen Flucht aus der Hamburger Psychiatrie wirft erneut die Frage auf: Können Triebtäter therapiert werden, oder sollte die Justiz sie zum Schutz der Allgemeinheit auf immer wegsperren?**

Die zwei Frauen in der Rotlichtkneipe "Vogue" auf St. Pauli waren sich sicher: Der Mann am Nebentisch konnte nur der Heidemörder sein - die gleiche schiefe Nase, die blonden Haare wie auf dem Zeitungsfoto, das die Kellnerin ausgeschnitten am Tresen deponiert hatte. Heimlich schlich eine der Frauen zum Telefon.

Minuten später, am Mittwoch vergangener Woche, bremste der erste Peterwagen vor der Hamburger Bar, mehrere Fahnder des Landeskriminalamtes stürmten kurz darauf ihren Kollegen hinterdrein, doch zu spät, der Unbekannte war verschwunden. Zurück ließ er nur ein leeres Glas und eine Colaflasche.

Experten sicherten die kargen Spuren, untersuchten die Fingerabdrücke - und gaben dann Entwarnung in diesem Fall: Der Mann war nicht Thomas Holst.

Eine Woche zuvor war Triebtäter Holst, 30, aus der geschlossenen Psychiatrie im Allgemeinen Krankenhaus Ochsenzoll in Hamburg ausgebrochen. Der seelisch gestörte Grafiker hat mindestens drei Frauen vergewaltigt und getötet, zuletzt in der Lüneburger Heide.

"Mordlust" treibe ihn um, meinte der Vorsitzende Richter der Strafkammer, die Holst im April 1993 zu einem Leben hinter Gittern verurteilte. Vor einem "unverminderten Tötungstrieb" warnte der Jurist, ein Psychiater attestierte dem Mörder "extreme Rückfallgefahr". Beide Männer wurden nach Holsts Flucht unter Polizeischutz gestellt.

Ängstlich und nervös reagierten [illegible]
in Norddeutschland [illegible]
mal im [illegible]

*Wer solche langen „Spiegel"-Artikel online liest, wirft sein Geld zum Fenster raus*

- Sie können mehrere Netscape-Fenster öffnen. Wenn die Speicherkapazität und Prozessorgeschwindigkeit Ihres Rechners es zuläßt (einfach ausprobieren), können Sie unter "Window|New Navigator" (beim Mac) bzw. "Window|New Netscape Browser" (beim PC) ein zweites Fenster öffnen und weitersurfen, während ein besonders großes Dokument geladen wird. Aber Vorsicht: Dadurch verlangsamt sich der Ladeprozeß noch einmal, und manchmal stürzt der Rechner auch ganz einfach ab. Alles futsch

- Sie können mehrere Online-Dienste (zum Beispiel FTP, e-mail und Netscape) gleichzeitig nutzen, falls Ihr Rechner das schafft. Das heißt, Sie können eine Datei downloaden, netsurfen und im Hintergrund e-mails verschicken
- Wenn Ihr Browser es erlaubt, lassen Sie sich Bilddateien erst auf Wunsch anzeigen („Options|Auto-Load Images" off). So empfangen sie das gewünschte Dokument nicht nur schneller, Sie verstopfen auch das Gesamtnetz nur dann mit den speicherintensiven Grafikdateien, wenn Sie ein Bild tatsächlich sehen wollen, es auswählen und nachladen
- Bereiten Sie Ihre E-MAILS offline vor, und schicken Sie sie gesammelt ab, anstatt bei tickendem Gebührenzähler an filigranen Formulierungen zu feilschen
- Vermeiden Sie die Stoßzeiten im Netz: Wenn es bei uns Abend wird, sind US-Rechner meist mit dem dortigen Datenverkehr der Firmen verstopft. Surfen Sie dann lieber gen Osten
- Und natürlich: Wenn möglich, nutzen Sie das Internet während des abendlichen und nächtlichen Telefon-Billigtarifs.

E-MAILS
→ Seite 74

…Oups/ LOVELAND: Gefällt dir der Name nicht?/ RIC: Nun ja, vielversprechend/ LOVELAND:

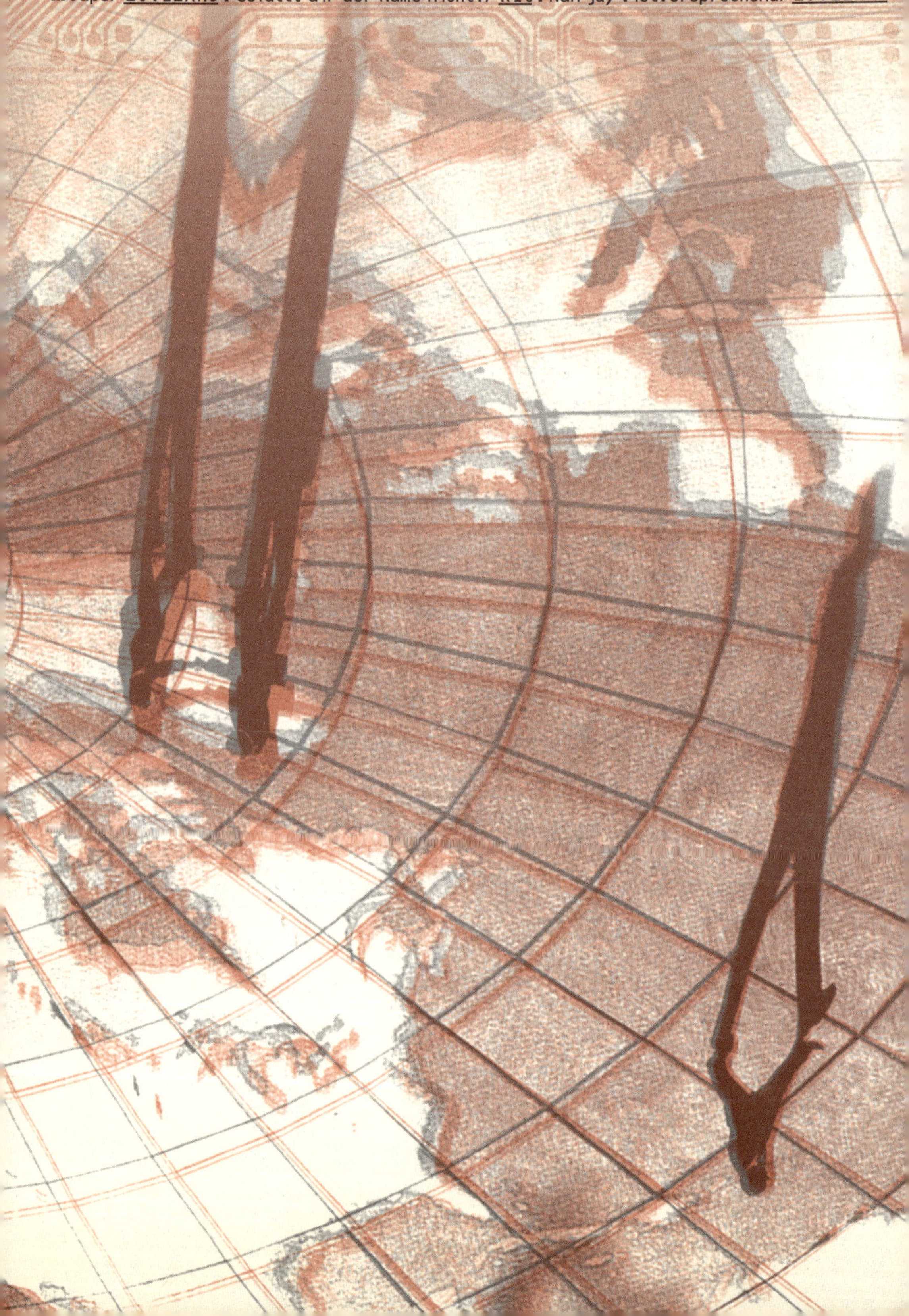

*Andy Warhol grüßt in der pulsierenden Virtual City*

# Und am achten Tag ging Gott netsurfen ...

**Das World Wide Web ist zweifellos der zugänglichste Internet-Dienst. Wir wollen Ihnen hier einige Tips zum Starten und Navigieren geben.** Dabei haben wir uns eher um Vielseitigkeit als Vollständigkeit bemüht, denn die ist bei -zig Millionen Webseiten ohnehin nicht erreichbar.

Besonders wichtig war uns, exemplarisch die Bandbreite der Webangebote aufzuzeigen. Sprunglisten und Homepages eines Bereiches bieten meist ihrerseits wieder Hyperlinks zu vielen anderen Seiten und Themenbereichen an.

Übrigens: Alle hier vorgestellten Links finden Sie auch auf der Webseite → *www.tvmovie.de/internet/adressen.html*, Sie müssen die kryptischen Zeichenfolgen also nicht selbst eintippen! Da das Web „lebt", werden bei Erscheinen dieses Buches leider einige dieser Angebote bereits wieder eingestellt bzw. umgezogen sein – da kann man nichts machen. Aber über Stichwortsuche mit einer Search Engine (siehe Seite 28) werden Sie sicher fündig ...

Last but not least: Legen Sie sich Bookmarks (Lesezeichen) von Seiten an, die Sie vielleicht noch einmal besuchen wollen: Netscape-Menü „Bookmarks|Add Bookmark". Und wenn Sie viel surfen, sortieren Sie Ihre Bookmarks nach Themen: Das geht genauso wie das Ablegen von Computerdateien in Ordnern/Unterverzeichnissen. Sonst haben Sie ganz schnell eine vierhundert Zeilen lange Liste, die Ihnen gar nichts mehr nützt.

**STARTPUNKTE: JETZT GEHT'S LO-OS!**

Als Startpunkte empfehlen wir Ihnen Webseiten, die entweder für einen bestimmten Bereich beispielhaft sind und/oder durch eine umfassende Hyperlink-Liste den Absprung in die Web-Galaxy erleichtern. The Asylum → *www.galcit.caltech.edu/~ta/cgi-bin/asylhome-ta* z.B. ist ein Forum für moderne alternative und interaktive Kunst, das ganz schön zeigt, wie frech und vielseitig dieses neue Medium sein kann. Die Virtual City → *www.virtcitnow.com/index2.html* ist eine kleine Cyberstadt, in der Sie bummeln können und von wo aus Ihnen auch allerlei Ausflüge ins Netz angeboten werden. Eine umfassende Hotlink-Liste zu zahlreichen Themen finden Sie unter → *gagme.wwa.com/~boba/sort.html*, und bei Pig Intertainment → *www.pigweb.com* können Sie im Pigweb (wörtl: Schweinenetz) stöbern.

*Das blaue Schwein kann kein(!) Rechenergebnis quicken, siehe Seite 53*

→ Spannend: Der Autopilot katapultiert Sie wahllos durchs Web: *www.netgen.com/~mkgray/autopilot.html*

→ Eine recht vollständige Liste gemeinnütziger Organisationen, von Greenpeace bis Amnesty International: *www.duke.edu/~ptavern/Pete.meta-index.html*

- Umfangreiche Liste mit vielen Science-fiction-Links: *sundry.hsc.usc.edu/hazel/www/sfrg/sf-resource.guide.html*
- Zum Bummeln und Durchstarten – Cybersight: *cybersight.com/cgi-bin/cs/s?main.gmm*
- Von hier aus können Sie den „WebSpace" erforschen: *www.sgi.com/Products/WebFORCE/WebSpace/*
- Brut, angenehm subjektiv – von Letterman bis Enterprise: *www.io.org/~brut/*
- Wissenschaftler und Newsgroups-Fans werden hier fündig: *gopher.well.sf.ca.us/11/The_WELL*
- Die privaten Hotlinks von Shadi Shalabi (siehe Seite 14): *www.ccn.cs.dal.ca/~ai474/ssp.html*
- Sehr WWW-typisch auch die Adventure-Site von Gard und Bethani (siehe Seite 14): *www.hials.no/~ga*

## NEWS & MAGAZINE: COMPUTERSCHNELL INFORMIERT

Zu den beliebtesten Angeboten im Netz gehören natürlich News aller Art, zumal Neuigkeiten via Internet unfaßbar schnell um die ganze Welt geschickt werden können. Im WWW haben sich über die Newsgroups (siehe Seite 78) hinaus sogenannte E-Zines, elektronische Magazine, etabliert: eigenständige Netz-Ausgaben von Printprodukten. Beispiel Hotwired → *www.hotwired.com* von der Redaktion Wired. Mittlerweile gibt es allerdings ob des großen Zuspruchs eine eigene Online-Redaktion. Hotwired ist gerühmt und gefürchtet für seine ebenso originellen wie meinungsfreudigen Multimedia-Beiträge. Schauen Sie einfach mal rein. Falls Ihnen das Medium der Online-Zeitschrift gefällt, ist auch das englisch/französische Kulturjournal The Vir-

*Ein Topangebot im Netz: Hotwired*

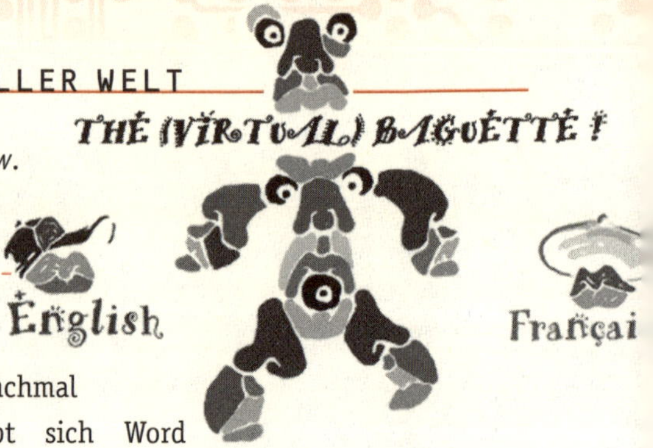


*So sieht ein „unwirkliches längliches Hefebrot" aus*

tual Baguette ➔ *www.mmania.com* einen Abstecher wert. Weniger grell und kunterbunt als Hotwired, aber dafür manchmal etwas tiefsinniger gibt sich Word ➔ *www.word.com/index.html*, wo man auch vielerlei selbstironische News über die Web-Klientel finden kann. Nahrung fürs Hirn. Auch gelungen erscheinen uns die Web-Ausgabe von Outpost ➔ *www.users.interport.net/~outpost* sowie das reine E-Zine Tightrope ➔ *www.phil.uni-sb.de/tightrope.html*, in dem sich vor allem Studenten über „Science, Philosophy & Art" äußern. Für abgehärtete Info-Fans gibt's außerdem noch das Body Modification E-Zine ➔ *www.io.org/~bme*, ein Fachblatt über Tattos und Piercing allerorten. Dafür würde möglicherweise nicht jeder am Kiosk Geld ausgeben, aber hier schaut man eben doch mal rein ... und lernt dabei.

➔ Eine Kurzausgabe der New York Times: *nytimesfax.com*

➔ Mehrfach täglich aktualisierte News aus aller Welt von der Deutschen Welle: *www.dw.gmd.de/deutsch/index.html*

➔ Ein ganzes Bündel US-Computerzeitschriften vom Ziff-Verlag: *www.zdnet.com*

➔ Wettervorhersage (Deutschland) und animierte Satellitenbilder: *www.dkrz.de/forschung/sat.html*

➔ Wetterinfo für Holland: *www.knmi.nl/WEER/weather.html*

➔ Playboy und Penthouse im Netz – Bilder und Textauszüge aus den beiden Hochglanz-Erotik-Magazinen:
*www.playboy.com*
*www.penthousemag.com/magazine/contents.html*

➔ Entertainment Weekly im Netz, viel schneller als am Kiosk: *www.pathfinder.com/@@gwIWA4EFUwIAQNo7/ew/contents.html*

➔ Besonders schräg: die „Disorientation Page": *www.webcom.com/~conspire/buttons.html*

- N-Touchist ein kurioses Körperkult-E-Zine: *www.dircon.co.uk/lcf/ntouch.html*
- The Mystery Tour; Krimis und Thriller werden hier aktuell präsentiert: *www.mindspring.com/~walter/mystzone.html*
- Das Retro-E-Zine „The Cake Times" ist thematisch ein bunter Gemüsegarten, verbindet aber eine klassisch-pfiffige Optik mit recht geringen Downloadzeiten und witzigen Aufmachern: *iiif.dgp.utoronto.ca:80/caketimes*

## FERNSEHEN UND KINO: MOVIES À LA PC

Wer gerne vor dem Monitor hockt, liebt oft auch Glotze und Kino. Kein Wunder also, daß die Seiten über Filmstars und Kultserien sowie die Vorschauangebote der großen US-Filmstudios zu den buntesten, beliebtesten zählen, lange bevor der deutsche Starttermin feststeht. Sehr schön gemacht und beinahe allumfassend ist das Movieweb → *movieweb.com/movie/movie.html*, von dem aus Hyperlinks sowohl zu Filmdatenbanken und Preview-Pages führen als auch zu den Homepages der Filmstudios. Besonderer Clou: Häufig stehen Bilder, Ton-Clips und der US Trailer zum Download bereit. Aber Vorsicht: Bis zwei Minuten Videoclip bei Ihnen eingetroffen sind, können schon mal dreißig Minuten vergehen! Vielleicht könnten Sie derweil endlich mal wieder den Rasen mähen? Einen Besuch wert ist auch Hollywood Online, → *hollywood.com*. Mit der unfaßbaren Angebotsfülle des Movieweb kommt Hollywood Online zwar nicht mit, doch dadurch hat man hier auch schneller den Überblick. Zugriff auf nahezu alle Filmdatenbanken der Welt bietet der Movie-Server → *www.leo.org/Movies/search.html*, hier können Sie sogar nach Zitaten suchen! Da die Datenbanken

*Online in Hollywood: alle Kinostarts und mehr im Überblick*

Der Highlander in Arbeitskleidung

allerdings englischsprachig sind, müssen Sie auch das Originalzitat kennen (also statt „Ich schau dir in die Augen, Kleines" führt nur „Here's to you, babe" zum Ergebnis: „Casablanca"). Echten Kultcharakter hat Steve Rapport's witzige Monty Python Home Page → *sashimi.wwa.com/hammers/comedy/python/python.html*, von wo aus auch weitere Python-Sammlungen inkl. zahlreicher Sounddateien leicht zu erreichen sind. Übrigens: Der Oscar hat eine eigene Webseite → *www.oscars.org/ampas* – aber auch hier erfahren Sie nicht früher als alle anderen, wer bei der Preisverleihung lachen und wer weinen darf.

- → Highlander-Homepage mit vielen Download-Angeboten: *mithral.iit.edu:8080/highlander*
- → Lettermans Late Show. Man kann sogar die legendäre Top-10-Liste per e-mail abonnieren. Das hat Koschi sicher auch getan: *www.cen.uiuc.edu/~jl8287/letterman.html*
- → Touchstone Pictures (eine Tochter von Disney): *bvp.wdp.com/MoviePlex/Domestic/Touchstone/TouchstoneHome.html?LO=I&GL=G*
- → Buena Vista (auch eine Disney-Firma): *bvp.wdp.com/BVI/index.html*
- → Paramount, eine der ältesten US-Filmfirmen: *www.paramount.com*
- → MCA/Universal, halbjapanischer Mischkonzern: *www.mca.com/index.html*
- → Die Webheimat der „schrecklich netten Familie": *www.zmall.com/misc/bundyland/index.html*
- → Werbeseite des Action-Thrillers „Assassins": *www.pathfinder.com/@@W@Edu7H8UQIAQN87/wb/assassins/index.html*
- → Web-Werbeseite von „Batman Forever", mittlerweile Kult: *batmanforever.com*

→ WWW-Heimat des umtriebigen Frauenjägers 007:
*www.mcs.net/~klast/www/bond.html*

→ „Schweine im Weltall"-Brotbox (!) – Muppets-Gimmicks:
*www.leland.stanford.edu/~rosesage/Muppet.html*

→ TV-Serie „Akte X – Die unheimlichen Fälle des FBI":
*www.delphi.com/xf_sd_ad*

→ Übrigens: Viele Cybersurfer stehen auf „Star Trek" (deutsch: „Raumschiff Enterprise") und die Serien-Nachfolger. Einige der besten Linksammlungen finden Sie unter:
  - → *www.chem.ed.ac.uk/adamstar.html*
  - → *www.ee.umanitoba.ca/~djc/startrek*
  - → *www.cdsnet.net/vidiot/st-ds9*
  - → *www.paramount.com/DS9Home.html*

## MUSIK: SING-A-LONG IM VIRTUELLEN RAUM

Beim Netsurfen kann man natürlich hervorragend Musik hören, und was liegt näher, als diese Leidenschaft mit allen anderen im Web zu teilen? Von Abba →*phymat.bham.ac.uk/ABBA* bis Zappa →*www.catalog.com/mrm/zappa.html* reicht das Informationsspektrum. Mehr und mehr Werbeseiten der Plattenfirman stehen z.T. inhaltlich wie optisch ausgesprochen kompetent gemachten privaten Infoseiten gegenüber. Schönes Beispiel: die Sammlung von französischen Songtexten und Gitarrengriffen unter →*gaston.unice.fr/~paubert/musique/musique2_e.html*. Darüberhinaus gibt es natürlich haufenweise Mischformen, wie das Jazz-Web des Radiosenders WNUR-FM →*www.acns.nwu.edu/jazz*. Viele Verweise erleichtern den Einstieg in die Jazz-Szene. Oftmals werden übrigens auch Soundclips zum downloaden angeboten – probieren

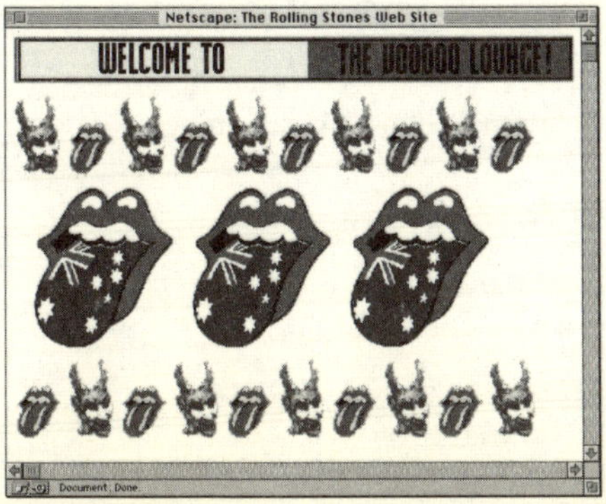


*Die „Voodoo Lounge" der Stones*

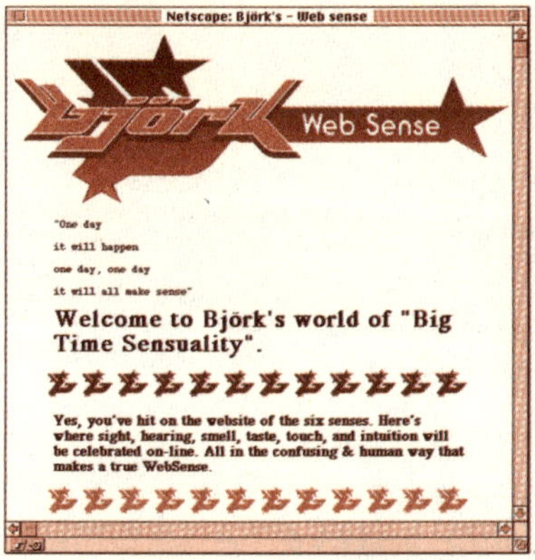


*Björks virtuelle Welt ist genauso kurios wie ihre Musik*

Sie's mal aus, aber sagen Sie nicht, wir hätten Sie nicht gewarnt (an nur zwanzig Sekunden Musik laden Sie gut und gerne zwei bis drei Minuten). Übrigens: Auch Island-Export Björk ➔ *www.bjork.co.uk/bjork* ist natürlich im Web zu finden, ebenso wie die legendäre, aber leider nach Kurt Cobains Tod aufgelöste Grungeband Nirvana ➔ *www.ludd.luth.se/misc/nirvana* und die eigensinnigen Multimedia-Veteranen Pink Floyd ➔ *humper.student.princeton.edu:80/floyd*.

➔ I can't surf, I can't surf... Genesis im Word Wide Web: *www.brad.ac.uk/~agcatchp/gen_home.html*

➔ Die unverwüstlichen Stones werben auch im WWW für ihre aktuelle „Voodoo Lounge"-Tour *www.stones.com*

➔ Infos über das neue Album der deutschen Band The Land: *freeport.multiversum.com/TheLand*

➔ Die erste WWW-Werbeseite für Musik galt natürlich Yello: *Space.NET/yello/yello.a.html*

➔ AirGuitar – alles über Erwerb, Spiel und Pflege einer Luftgitarre: *www.digitalrag.com/mirror/air.html*

➔ Beastie-Boys-Screensaver für Macs und PCs: *underground.net/Beastie/beastie.html*

➔ Einige schöne Webseiten von Plattenfirmen:

- ➔ *american.recordings.com/wwwofmusic/ubl/ubl.shtml*
- ➔ *classicalmus.com*
- ➔ *www.mca.com/mca_records/index.html*
- ➔ *www.windham.com*
- ➔ *geffen.com*
- ➔ *www.iuma.com/warner.*

*Spider-Man webt seine Netze auch im Web*

## COMICS: BITTE LACHEN SIE JETZT!

Daß auch Computernutzer Humor haben, beweisen die umfangreichen Comicsammlungen im Internet. So bietet The Comic Strip → *www.unitedmedia.com/comics* neun tägliche Comics zur Auswahl, samt Archiv älterer Ausgaben. Gary-Larson-Fans kommen im alphabetischen Verzeichnis aller Far-Side-Cartoons → *www.acm.uiuc.edu/rml/Gifs/Farside* auf Ihre Kosten. Als „arguably the best comic worldwide" gelten unter Internauten die Abenteuer von Calvin und Hobbes, einem sechsjährigen Jungen und seinem Stofftiger. Es gibt etliche Sammlungen, z.B. das besonders umfangreiche Calvin und Hobbes Archiv auf Hawaii → *www.eng.hawaii.edu/Contribs/justin/Archive/Index.html*. Freunde eher actionhaltiger Kost sollten sich mal auf dem Spider-Man-Server → *metcon.met.co.nz/it2/couper/comics/spiderman/index.html* umtun. Ohne Internet hätte nie jemand erfahren, daß einer der prominentesten Sammler von Cartoons Al Gore ist, der US-Vizepräsident. Allerdings sammelt er auf dem Regierungscomputer unter → *www.whitehouse.gov/White_House/html/Cartoon.html* nur Zeichnungen, in denen er auftaucht.

*Ein Goretoon aus der Sammlung des US-Vizepräsidenten*

- → Verweise auf Disney-Comics und -Archive: *www.update.uu.se:80/~starback/disney-comics*
- → Etwas veraltete, aber sehr umfassende Hyperlink-Sammlung: *dragon.acadiau.ca/~860099w/comics/comics.html*

- Die tägliche Cartoon-Seite des Computeridioten Dilbert: *www.unitedmedia.com/comics/dilbert*
- Riesige Liste mit Comic-Hyperlinks: *www.phlab.missouri.edu/~c617145/comix.html*

## KULTUR UND MUSEEN: EINTRITT FREI!

Wem Comics und Popmusik zu profan sind, der wird sicherlich die virtuellen Weltmuseen zu schätzen wissen. So ist unter anderem ein virtueller Louvre → *mistral.enst.fr/wm/net* eingerichtet worden, in dem allerdings nur ein Bruchteil der Werke zu bewundern ist. Dafür sind die Hintergrundinformationen um so ausführlicher. Im Grunde sind diese Cybermuseen eine schöne Idee, insbesondere für Recherchen oder zur Vorabinformation. Aber ein

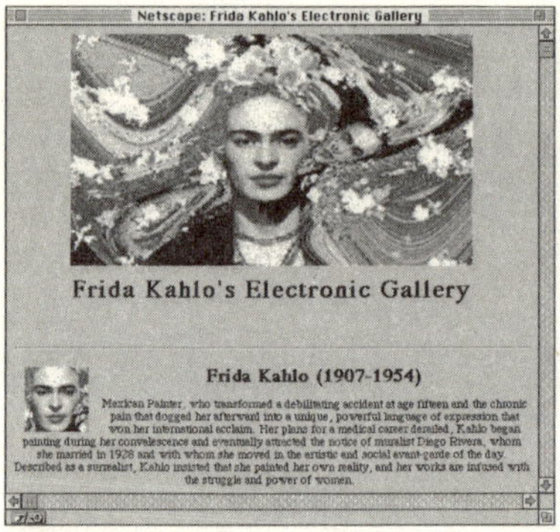


*Für Kunstfan Madonna: Frida Kahlo im WWW*

großangelegtes „virtuelles Weltmuseum", in dem alle großen Kunstwerke der Erde als Bits und Bytes vereint sind, wird mindestens noch so lange auf sich warten lassen, bis man für die 14-Zoll-Bildschirmdarstellung eines Ölgemäldes nicht mehr minutenlang warten muß. Ebenfalls Cyber-Art: Frida Kahlos → *www.hypergraphia.com/frida* Elektro-Ausstellung. Zusammengefaßt auf nur einem Server, finden Sie unter → *www.concourse.com/wwar/default.html* künstlerische Aktivitäten in aller Welt.

- Eine elektronische Kunstausstellung ist: *www.otis.org*.
- Reine Computerkunst, also Fraktale, gibt es natürlich auch: *online.anu.edu.au/ITA/ACAT/contours/contours.html*
- Und christliche Kunst, vom Vatikanmuseum bis zur sixtinischen Kapelle, lagert auf dem Cristusrex-Server *www.christusrex.org/www1/icons/index.html*
- Audio-Files (zum runterladen) von Gedichten und Audio-Links: *www.cs.brown.edu:80/fun/bawp*

## INTERNET-CAFES: CHATTEN BEI KAFFEE UND KUCHEN

Der schönste Ort in jedem anständigen Museum ist das Museumscafé, und auch wenn die virtuellen Ausstellungen noch keine Croissants servieren, sind die virtuellen Kaffeehäuser nur einen Mausklick entfernt. Die interessantesten Internet-Cafés gibt es irgendwo auf der Welt auch wirklich, und in den Räumen dieser Schankwirtschaften stehen ein paar Computer herum, über die man mit der Kundschaft vor Ort live Kontakt aufnehmen kann. Die Zahl der Cybercafés nimmt täglich zu; eine stets aktuelle Liste ist der Cyber Café Guide → *www.easynet.co.uk/pages/cafe/ccafe.htm#cyberia*. Wer Lust am Ausprobieren hat, kann hier – unter Berücksichtigung des Zeitunterschieds – recht schnell interessante Kontakte knüpfen oder einfach in der (virtuellen) Umgebung des Cafés spazieren gehen. Eine repräsentative Auswahl gut geführter Internet-Cafés weltweit:

*Ein Bierchen im Cybercafé*

→ Café Orbital, Paris: *cafe.orbital.fr*
→ Café Kyoto, Japan: *banjo.imel1.kuis.kyoto-u.ac.jp/~konomi/webchat/CafeKyoto.html*
→ Cyber Café Club, Hongkong: *www.hk.linkage.net/~infoctr/cyber.htm*
→ The Underground Club, Dublin: *www.internet-eireann.ie/Underground*
→ Siberia Netcafé, Reykjavik, Island: *www.siberia.is*
→ C@fé Internet Websp@ce, Kopenhagen: *www.icafe.dk*
→ MySTèR 2000, Amsterdam: *www.euro.net/sala/myster*

## SEARCH MACHINES: INFORMIEREN LEICHT GEMACHT

Mittlerweile haben Sie sicherlich schon eine recht anschauliche Vorstellung davon, was im Internet – und speziell im WWW – alles möglich ist. Höchste Zeit, selbst auf die Suche zu gehen! Neben den „einfachen" Search Engines, wie in Kapitel 4 beschrieben, gibt es auch noch Tricks für schwierigere Fälle. Savvy Search ➔ *www.cs.colostate.edu/~dreiling/smartform.html* nutzt mehrere andere Suchmaschinen gleichzeitig und bündelt die Ergebnisse. Und Bobaworld Searchers ➔ *gagme.wwa.com/~boba/search.html* nutzt gar weit über das WWW herausgehende Suchmöglichkeiten wie Veronica, Archie, Newsgroups ... (mehr dazu in Kapitel 6).

*Auf der Suche im World Wide Web*

Einige ganz „klassische" Suchmaschinen (testen Sie – nehmen Sie die, die Ihnen intuitiv am nächsten ist):

- ➔ Yahoo: *www.yahoo.com*
- ➔ Jumpstation II (verschiedene Suchindizes möglich): *js.stir.ac.uk/jsbin/jsii*
- ➔ WWW Yellow Pages: *search1.yellow.com/cgi-bin/SearchWWYP*
- ➔ Netscape Suchfunktion: *home.netscape.com/home/internet-search.html*
- ➔ Web Crawler: *webcrawler.com*
- ➔ Lycos: *lycos.cs.cmu.edu*
- ➔ World Wide Web Worm (WWWW): *www.cs.colorado.edu/home/mcbryan/WWWW.html*

## LEXIKA: MEHR ALS IM WWW STEHT NIRGENDS

Wo wir schon beim Thema Suchen/Nachschlagen sind: Das WWW ist natürlich ganz nebenbei auch das größte Lexikon der Welt! Denn irgendwo dort draußen sind fast alle Infos von Universitäten abrufbar, ebenso fast alle Enzyklopädien, und dazu kommt das privat angehäufte und aufbereitete Wissen von Millionen Usern.

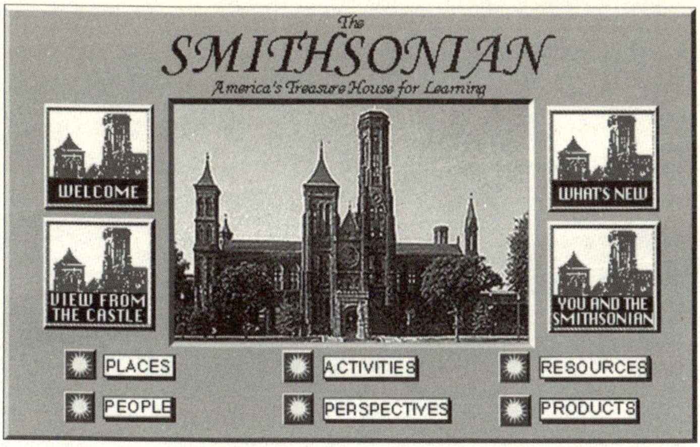


*Gaststudium am Smithsonian*

Wissensdurstige können beispielsweise einmal das weltbekannte und bei Forschern wie Studenten gleichermaßen renommierte Smithsonian Institute → *www.si.edu* besuchen und ggf. dort auch eine e-mail hinterlassen. Sie können interaktiv Frösche sezieren → *curry.edschool.virginia.edu/~insttech/frog*, was vor allem Froschschenkelfreunde sehr sinnlich finden werden. Ganz besonders hilfreich ist ein Suchmechanismus, mit dem FAQs (Listen von häufig gestellten Fragen und ihren Antworten) zu einem bestimmten Thema aufzufinden sind → *www.intac.com/FAQ.html*, denn irgendwer irgendwo auf der Welt wollte vielleicht schon mal genau dasselbe wissen. Die Themen reichen von Computerproblemen bis zu Reparaturtips. Übrigens können Sie so auch die FAQs zu ganz allgemeinen Netz-Themen auffinden, z.B. zur Netikette, zur Benutzung von Newsgroups, zu Problemen mit Browsern, Textverarbeitungsprogrammen, neuen e-mail-Verwaltungen, Datei-Download und, und, und...

→ Entfernungen und Temperaturen umrechnen: *www.uwosh.edu/students/wallip27/convert.html*

→ Multimedia-Tour durch das Sonnensystem: *seds.lpl.arizona.edu/nineplanets/nineplanets/nineplanets.html*

→ Bauanleitung für eine Atombombe – physikalisch korrekt, im Hobbykeller allerdings kaum umsetzbar: *www.nada.kth.se/~nv91-asa/atomic.html*

## REISEN: WELTWEIT ONLINE RESERVIEREN

Wer gern viel weiß, der geht auch gern auf Reisen (und umgekehrt). Im City.Net → *www.city.net* können Sie sich über allerhand Länder und etliche (Groß)Städte informieren, bis hin zu Übersichten von Sehenswürdigkeiten und manchmal gar der Möglichkeit, per e-mail einen Tisch zu reservieren. Geht das nicht, können Sie wenigstens das Tourismusbüro vor Ort nachschlagen → *www.mbnet.mb.ca/lucas/travel* und um Hilfe bitten. Das weltweite Opernprogramm, auf das Sie bei der Reiseplanung ja vielleicht Rücksicht nehmen wollen, erfahren Sie unter → *www.fsz.bme.hu/opera/main.html*. Alles über Paris, ein virtueller Reiseführer: → *www.paris.org*. Die Strände von St. Maarten (Karibik) können Sie unter → *199.170.0.111/beaches/beaches.html* besichtigen. Und sogar eine komplette Ägyptenreise ist via Computer vom Schreibtisch aus möglich: → *auc-amer.eun.eg/egypt.html*.

*Vorgeschmack auf das Urlaubsfeeling: Karibikstrand*

## HOBBYS: WAS MAN NICHT ALLES MACHEN KANN

Es gibt auch andere Hobbys außer Reisen. Vogelkundler werden sich beispielsweise über das EuroBirdnet Switzerland → *cmu.unige.ch/www/ugebn/ugebn_e.html* freuen. Wie so oft im Internet findet man Fachinformationen hier schneller und leichter
der Bibliothek der Welt. Und Kontakt zu anderen
atz-Süchtigen gibt's gratis obendrein. Wer es nicht
nit den Vögeln hat, gönnt sich vielleicht nach
bend eine Barbie – die „Plastic Princess" → *deep*
*ght.armory.com/~zenugirl/barbie.html* ist ja
ne schöne Ersatzbefriedigung. Weit weniger Gla-
nour als die stets superschicke Gummipuppe ver-
sprüht das Online-Strickmagazin → *www.io.org/~spamily/knit*, ein heißer Tip für trautes Bei-

*Superblondie Barbie in feschem Dress*

sammensein an kalten Winterabenden. Wer Nacht für Nacht vor dem Computerbildschirm verbringt, kann ja durchaus als ungewöhnlich häuslich gelten …

- → Schönes Hobby: Ufos fälschen! *www.strw.leidenuniv.nl/~vdmeulen/UFOfake.html*
- → Roberto sammelt und katalogisiert Schokoriegeleinwickelpapiere: *www.infinet.com/~rbatina/other/candy.html*
- → Eine hörenswerte Sammlung: Stimmen dieser Welt *web.msu.edu/vincent/index.html*
- → Klein, aber fein: der Internet Bonsai-Club *www.pass.wayne.edu/~dan/bonsai.html*
- → Willst du mal meine Briefmarkensammlung sehen? *www.cam.org/~pabouch/index.html*
- → Autogramme von Promis und allen, die es werden wollen: *cscmosaic.albany.edu/~ss4569/autograph.html*
- → Autobilder zum downloaden, per Konvertierprogramm auch als Bildschirm-Hintergrund benutzbar: *www.adcom.uci.edu/~mrkim/pictures.html*

## SPORT: DIE SCHÖNSTE NEBENSACHE

Eine Sonderstellung unter den Hobbys dieser Welt nimmt sicherlich der Sport ein – oder bleibt bei Ihnen etwa Samstag nachmittags die Glotze kalt? Klar, daß auch alle Bundesliga-Ergebnisse → *ls2-www.informatik.uni-dortmund.de/Buli/Buli.html* weltweit ins Netz gehen. Im übrigen hat auch fast jeder bessere Balltretverein eine eigene Webseite – so wie etwa Eintracht Frankfurt → *fortress.wiwi.uni-frankfurt.de/HomePage/eintracht.html*. Aber der wahre Sofasportler interessiert sich ja nicht nur fürs Kicken. Ein guter Start ins Netz ist da die Linkliste Sport → *www.informatik.uni-mannheim.de/~whd/sports.html*. Ganz wichtig derzeit auch die Motorsport News

*Fan- und Fußballwissen leichtgemacht*

International → *www.motorsport.com*, wo wir neueste Nachrichten von Schumacher & Co. erfahren.

- → Billiger als im Nobelclub: eine WWW-Golf-Tour: *www.gdol.com*
- → Der weiße Sport belegt sogar einen eigenen Tennisserver: *www.tennisserver.com/Tennis.html*
- → *The Italien Soccer Connection!* Hat die Mafia nun auch die Fußballfelder fest im Griff? *wwwedu.cs.utwente.nl/~capoccia/soccer.html*
- → Rollschuhfahren ist out – Inlineskating ist in: *www.terminus.com/inline/skate.htm*
- → Das Segel immer hart im Wind haben die virtuellen Windsurfer: *www.sccsi.com/Mistral/others.html*
- → Alles über die Olympiade 1996 in Atlanta: *www.atlanta.olympic.org*

*Macht Appetit: Electronic Gourmet Guide*

## ESSEN & TRINKEN: VIRTUELL MACHT'S NICHT DICK

Und noch eine Freizeitbeschäftigung, die zur Sucht werden kann: Essen & Trinken! Das wohl umfassendste Kochbuch der Welt ist Amy's Recipe Archive → *www.vuw.ac.nz/~amyl/recipes* – hier finden Sie nun wirklich für jedes Gericht einen Zubereitungstip! Um beim Schmökern ein Menü zusammenzustellen, ist allerdings ein handelsübliches Kochbuch mit nicht mehr als 1000 oder 2000 Gerichten sicherlich besser geeignet. Ein ausgesprochen ansehnliches E-Zine zum Thema ist der Electronic Gourmet Guide → *www.2way.com/food/egg/index.html*. Das flüssige Pendant dazu bildet das American Wine Journal → *www.2way.*

*com/food/wine*, wobei zu berücksichtigen ist, daß sich hier alles um US-Weine dreht. Die sind zwar nicht schlecht, aber auch nicht besser als ein (durch den kürzeren Transportweg ökologisch sinnvollerer) europäischer Wein. Unter der absolut stilsicheren Adresse → *www.cappuccino.com* erfahren Sie schließlich alles über Kaffee und seine edleren Abarten.

→ Sehr schön und informativ: Bier im WWW: *realbeer.com/rbp*

→ Ein In-Hobbykoch muß sein Sushi natürlich selber rollen: *www.rain.org/~hutch/sushi.html*

→ Die besten – und einfachsten – Brownie-Rezepte: *www.godiva.com/recipes/chocolatier/brownies/index.html*

→ Alles über Gumbo (eine Spezilität aus New Orleans): *www.webcom.com:80/~gumbo/welcome.html*

## SPIELE: DIE GRÖSSTE SPIELOTHEK DER WELT

Manch einer hat seinen Computer nur zum Spielen. Zwar haben Computergames nicht gerade den sozialen Charakter des guten alten „Mensch, ärgere dich nicht", aber Spaß machen sie allemal. Insbesondere so perfekt animierte Internet-Spielsalons wie Riddler → *www.riddler.com*, in denen mit etwas Glück sogar noch Bargeld lacht. Typisch für das Internet ist die skurrile Grundidee von Piercing Mildred → *streams.com/pierce* – hierbei nimmt man online die Identität einer Cartoon-Figur an und kann dieser Tatoos, Narben und Piercings zufügen. Die Person mit dem abartigsten Körperschmuck gewinnt und wird Mitspielern präsentiert, bis der nächste Etappensieger feststeht. Wer viel Zeit und einen hochgezüchteten WWW-Browser wie Netscape hat, kann sogar kleine Animationen (zum Beispiel bewegte Rasierklingen) beobachten.

*Logo des Tatoo-Cartoon-Game „Piercing Mildred"*

→ Go (japanisches Brettspiel) im WWW: *nobi.ethz.ch/martin/go.html*

- Eine riesige Linkliste zu interaktiven Spielen: *www.cs.cmu.edu/afs/andrew/org/kgb/www/zarf/games.html*
- Eine zweite Liste weiterer interaktiver WWW-Games: *einstein.et.tudelft.nl/~mvdlaan/texts/www_games.html*
- Kartoffelmännchen Mr. Edible Starchy Tuber Head: *winnie.acsu.buffalo.edu/potatoe*
- Anagramme zum Wahnsinnigwerden (Worte vorwärts/rückwärts lesen): *Infobahn.COM:80/pages/anagram.html*

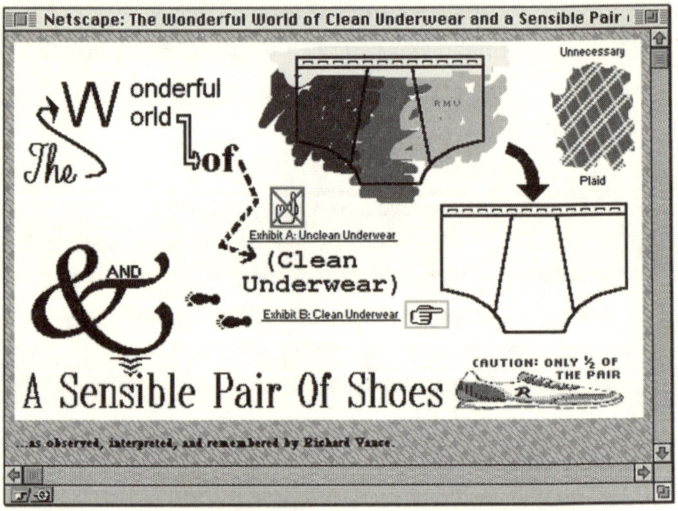


*Privater Unfug kann durchaus Python-Qualität erreichen*

## HUMOR UND UNSINN: JE VERDREHTER, DESTO BESSER

Das Internet wurde zwar ursprünglich zu Forschungszwecken gegründet, aber der Cyberspace ist längst keine humorfreie Zone mehr. Das beweisen die zahlreichen Seiten mit Material aus Douglas Adams' „Per Anhalter durch die Galaxis"-Trilogie und Monty-Python-Sketchen. An der Uni Berkeley in Kalifornien z.B. kann man alle Texte abfragen: → *ocf.berkeley.edu/11/Library/Monty_Python*. Eine hübsche Idee war auch, den blauen Hund von George Rodrigues zum Bellen → *kao.ini.cmu.edu:5550/bdf.html* zu bringen: Er waut das Ergebnis einfacher Rechenaufgaben (der Hund schafft auch große Zahlen, aber wollen Sie wirklich 300 plus 699 mal von Ihrem Computer angebellt

*William Shakespeare, Vater aller Zitate*

werden?). „Bluedog can count" heißt das Manöver. Und natürlich gibt es selbst auf solchen Unfug auch noch eine Parodie: „Bluepig don't oink" → *www.pigweb.com/bluepig.html* Stellen Sie dem blauen Schwein eine Rechenaufgabe, und es quiekt das Ergebnis nicht! Auch hübsch ist die „Capt. James T. Kirk Sing-a-long Page" → *www.ama.caltech.edu/~mrm/kirk.html*. Kirk-Darsteller William Shatner hat vor vielen Jahren eine LP mit bekannten Songs aufgenommen – hier kann man diese abrufen und mitsingen! Und wer immer noch nicht genug gelacht hat, kann sich per Zufallsgenerator einen Glühbirnenwitz anzeigen lassen → *www.crc.ricoh.com/~marcush/lightbulb/random.cgi*. Anschließend können Sie Ihren Witz dann beispielsweise per e-mail einer Katze (!) in Neuseeland (!) zukommen lassen: → *queer.slip.cs.cmu.edu/cgi-bin/talktocat*. Und wenn Sie sich darüber ärgern, daß die Katze nicht antwortet, fluchen Sie im besten Shakespeare-Stil → *kite.resnet.cornell.edu/insult.html* vor sich hin. Übrigens: Nicht alles was witzig scheint, ist auch witzig gemeint. Ein prima Beispiel sind die Heilkräfte per Internet → *www.prgone.com/bus/dpedro* – physikalisch zumindest ist in diesem Fall allerdings nicht mehr als die Monitorstrahlung nachweisbar. Aber begeisterte User haben bereits ihre Empfehlungen hinterlassen.

→ Beruhigend: Livebilder des Netscape-Aquariums:
*home.mcom.com/fishcam*

→ Anregend: Uni-Kaffeemaschine live:
*www.cl.cam.ac.uk/coffee/coffee.html*

→ Ansehnlich: Blick über Boston in Echtzeit:
*www-1.openmarket.com/boscam*

→ Die wunderbare Welt sauberer Unterwäsche und bequemer Schuhe: *www.infi.net/~rvance/*

## BIG BUSINESS: IMAGE UND AMUSEMENT

Der Bereich, in dem sich derzeit am meisten tut, sind kommerzielle Angebote im WWW. Der Unterhosenhersteller Joe Boxer beispielsweise will weder direkt etwas verkaufen, noch werden auch nur die Produkte gezeigt. Aber die Webspielwiese → *www.joeboxer.com* dieser Firma ist so superabgefahren, daß man aus reinem Spaß an der Freude immer wieder dorthin zurückkehrt. Ähnlich schön und fast noch trendiger als die 501 ist der animierte WWW-Auftritt von Levi Strauss → *www.levi.com/menu*. Nicht ganz so aufregend, aber für Freunde des Kultgetränks natürlich ein Muß, ist das Web-Infopaket von Coca-Cola → *www.cocacola.com/trade2.html*. Und die Turnschuhtrendsetter Reebok machen ihrem Werbeslogan alle Ehre und heißen alle Netsurfer herzlich „Welcome to Planet Reebok" → *www.planetreebok.com*. Alle diese Angebote allerdings dienen fast nur dem Vergnügen aller Beteiligten, sieht man einmal vom Effekt der Imagewerbung ab.

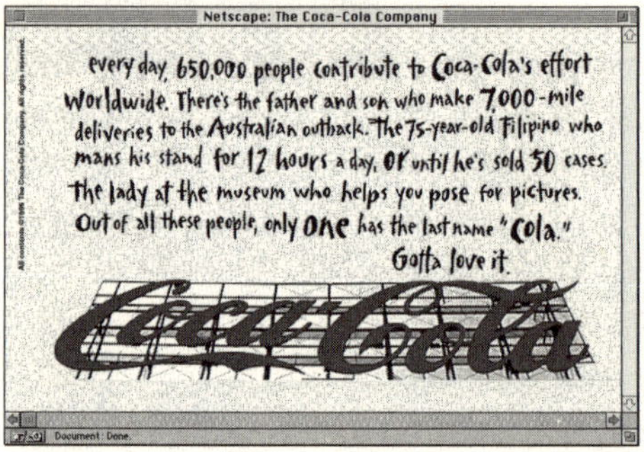


*Coca-Cola grüßt alle Brausetrinker*

Ganz anders verhält es sich da in virtuellen Einkaufszentren (oft „Cybermalls" genannt) wie Pathfinder → *www.pathfinder.com/@@Ym4AZCEaVQIAQCo8/pathfinder/welcome.html*. Hier soll Geld ausgegeben werden, und das nicht zu knapp. Da der gemeine Netsurfer aber gar nicht wissen kann, welche (Versand)Angebote im WWW vorhanden sind, schließen sich immer mehr Cyberkaufläden zu Cybermalls zusammen und hoffen auf virtuelle Schaufensterbummler und Rund-um-die-Uhr-Impuls-Shopper. Wie in einem echten Einkaufszentrum ist es natürlich wichtig, ein breites Repertoir an Waren abieten zu können. Zu den derzeit interessantesten Malls gehören Downtown Anywhere → *www.awa.com*, Shopping 2000 → *www.shopping2000.com*,

Columbus ➔ *www.ohiocap.com/columbus*. Und ein Tip für Fans amerikanischer Originalausgaben: die virtuelle Buchhandlung Book Stacks ➔ *www.books.com* bietet Büchersuche über Autor, Titel und ISBN an und schickt bestellte Druckwerke in rund zwei Wochen per Luftpost nach Deutschland – trotzdem billiger als im Fremdsprachen-Fachbuchladen! So lassen sich natürlich auch Fachbücher bestellen, wenn man die nötigen Angaben kennt – also ein Angebot für User jeglicher Couleur.

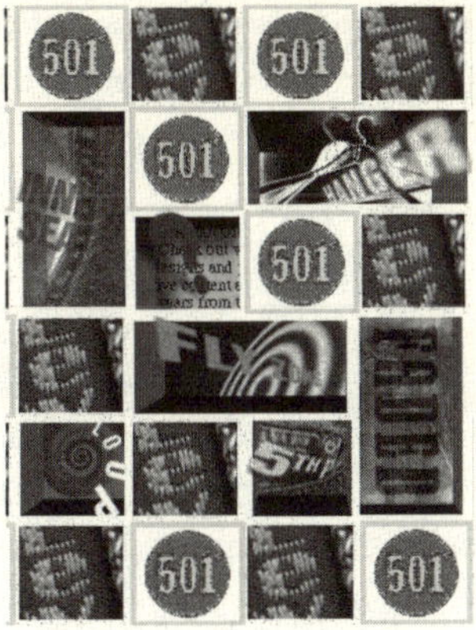


*Coole Animationen auf der 501-Page*

Alle bestellten Waren müssen aber leider – wie im wirklichen Leben – bezahlt werden. Dafür gibt es mehrere Möglichkeiten, die im Regelfall vom Anbieter (Händler) vorgegeben werden. Wie fast überall kann man auch im Netz mit Kreditkarte zahlen. Das birgt allerdings die Gefahr des Mißbrauchs der Kartennummer (der man zwar als Plastikgeld-User ohnehin ausgestzt ist, aber man muß sie ja nicht mutwillig vergrößern). Deswegen arbeitet Netscape an einem besseren (im Programm integrierten) Verschlüsselungsverfahren, das allerdings noch nicht überzeugend funktioniert. Zahlreiche Firmen versuchen, virtuelles Geld zu „drucken“. Das hat noch einen zweiten Vorteil gegenüber der Kreditkarte: Die Zahlung erfolgt anonym, wie mit Bargeld, und hinterläßt – angeblich – keine internationale EDV-Spur. Alle diese Netzwährungen befinden sich noch in der Testphase, genaue Infos über Zahlungsmodalitäten, Software und Kosten gibt's bei DigiCash ➔ *www.digicash.com*, CyberCash ➔ *www.cybercash.com*, NetCash ➔ *www.netbank.com/~netcash* und der First

*Willkommen auf dem „Planet Reebok“*

Virtual Bank → *www.fv.com:80/newacct*. Aber nicht vergessen: Der virtuelle Kontoausgleich erfolgt trotz allem irgendwann in realen harten Dollars!

→ Im der 5th World Erotic Gallery können Sie e-cash abdrücken: *www.euro.net/5thworld/erotic/erotic.html*
→ Die Kosten für die Online-Ausgabe der Encyclopedia Britannica kann man ebenfalls in e-cash zahlen: *www.lj.eb.com*
→ Auch das Weinmagazin Virtual Vineyards kann man mit Cyberbucks abonnieren: *www.virtualvin.com*
→ Und Monty-Python-Memorabilia kann man ebenfalls mit elektronischem Geld erwerben: *www.xs4all.nl/~bigmac/python.html*

## COMPUTER: DEIN FREUND UND HELFER

Wer vor dem Computer sitzt und surft, wird sich – zwangsläufig – hin und wieder mit den Rechenknechten, ihren Herstellern und den Programmierern von Software abplagen müssen. Größter Vorteil der Online-Dienststellen der Hard- und Softwarefirmen sind übrigens die im Regelfall kostenlosen Treiber, Bugfixes, Tools und Hilfsprogramme. Shareware (also kostenlose Testversionen von Programmen) finden Sie massenweise unter → *vsl.cnet.com* und auf dem weltberühmten Cica-Software-Server → *ftp.cica.indiana.edu*. Aber Vorsicht: Wollen Sie viele Programme testen, kommt eine aktuelle Shareware-CD vielleicht billiger als die Download-Kosten!

*Ein Ausschnitt aus der Webseite der Firma Symantec*

Natürlich ist auch Mac-Hersteller Apple → *www.apple.com* im Netz vertreten, ebenso Software-Gigant Microsoft → *www.microsoft.com*. Wenn Sie mit einer (registrierten!) Version Ihres Betriebssystems Probleme haben, können Sie sich natürlich auch per e-mail direkt an die Verursacher wenden. Wobei eine transatlantische Ferndiagnose natürlich nicht immer der Weisheit letzter Schluß ist. Oft kann Ihnen der Händler „von umme Ecke" schneller weiterhelfen – und hat sich so sein Geld auch redlich verdient.

- Symantec informiert z.B. über den Norton Commander: *www.symantec.com*
- Bei Hewlett Packard gibt es aktuelle Druckertreiber: *www.hp.com*
- Auch IBM ist (samt OS/2-Links) im Netz zu Hause: *www.ibm.com*
- Spieleprofi Epic bietet Werbung und Testversionen: *www.epicgames.com*
- Die Gamefirma von George Lucas („Krieg der Sterne") präsentiert ebenfalls neueste Entertainment-Streiche: *www.lucasarts.com/menu.html*

## CARETAKER: DIE GUTE SACHE INTERNATIONAL

Auch im Internet gibt es sie: die guten Menschen! So informiert beispielsweise das Red Ribbon Net → *worldclass.com/worldclass/redribbon* über die aktuellen Aktivitäten der Aids-Hilfe, man kann dort Spenden abliefern, Becher mit der roten Schleife (Logo der Aids-Helfer) bestellen und Info-Links abrufen. Trotz des traurigen Themas: eine spannende, schön gemachte Seite! Greenpeace → *www.greenpeace.org* beweist nicht nur auf hoher See, sondern auch im WWW, daß Ökologie auch etwas mit Lebensqualität zu tun hat: sehr sinnliche, informative Homepage. Neben den Menschen und der Umwelt helfen WWW-Nutzer natürlich auch den Tieren. Darüber informiert beispielsweise der Fund for Animals → *www.envirolink.org/arrs/fund/home.html*. Schön ist insbesondere, daß diese – und viele andere – „Caretaker" einen guten Mittelweg gefunden haben zwischen den schrillen Imagekampagnen der Werbetreiben-den und den öden Infolisten der Informatiker. Sie reflektieren das Leben: so wie es sein sollte und – warum nicht? – sein könnte.

*WWW-aktiv für Menschenrechte: Amnesty*

- Der virtuelle Panda: World Wildlife Fund: *www.envirolink.org/orgs/wqed/wwf/wwf_home.html*
- Sehr konkret: 54 Tips, Obdachlosen zu helfen, Online-Buch: *ecosys.drdr.virginia.edu/ways/54.html*
- Das Internet ist das ideale Arbeitsmittel für die Menschenrechtler bei Amnesty International: schnell, international, unzensier- und fast unzerstörbar: *www.organic.com/Non.profits/Amnesty/index.html*
- Der Media Watchdog behält Medien und Zensoren im Auge: *theory.lcs.mit.edu/~mernst/media*

## REGIERUNGSSTELLEN: HIER HÖRT MAN IHNEN ZU...?

Wenn Sie nun genug Leid mit angesehen haben und sich gleich bei den richtigen Leuten beschweren wollen: Auch dazu gibt's im Web die richtigen Adressen! Den Präsident der Vereinigten Staaten erreichen Sie unter → *www.whitehouse.gov*. Allerdings liest Bill Clinton seine e-mails in der Regel nicht selbst! Auch bei Kater Socks → *www.whitehouse.gov/White_House/Family/images/raw/socks-sitting-on-grass*, muß man das befürchten.

*Willkommen im virtuellen Weißen Haus*

Die Europäische Union → *www.cec.lu/welcome.html* hat zwar noch nicht viel geleistet, ist aber auf einer eigenen Webseite stolz darauf. Eher feingeistiger Natur sollte die Kontaktaufnahme zum französischen Kultusminsterium → *www.culture.fr* ausfallen.

- Offene Ohren für einen sofortigen Atomtest-Stop findet man auf der anderen Seite der Erde in Neuseeland: *www.govt.nz.*
- Zu Gast im Computernetz des FBI: *www.fbi.gov*
- „Akte X" echt: *www.ssc.com/~roland/x-files/x-files.html*
- Spionagefirma CIA: *www.odci.gov/cia*

*Hardcore gegen Cyber-Bares: Schwedenpornos netzweit*

## EROTIK: ANONYMER GEHT'S NIMMER

Auch Forscher lieben Sex, und deshalb gab es schon immer schummrige Ecken im Internet. Mittlerweile ist Erotik salonfähig geworden, schließlich gibt es schon an jedem Dorfkiosk stapelweise Sadomaso-Magazine. Im WWW ist es jedoch gar nicht so einfach, über das Stadium der Telefonsex-Werbebilder → *tribeca.ios.com:80/~cabraun* und der Badeanzug-Erotik hinauszukommen. Die als sexy angepriesene Heiratsvermittlung „P.S. I Love You International" → *www.psiloveyou.com* beispielsweise trägt zwar einen schönen Namen, entpuppt sich aber bei näherem Hinsehen als eine Art edler Gebrauchtmädchenhandel mit Ostblockschönheiten (Spezialität: Polen und Ukraine). Wesentlich spannender erscheint da ein Web-Angebot unter dem aparten Titel „Disney calls it the circle of life" → *jupiter.ucsd.edu/~webmngr/JoshMintz/tangled/pervert.html*. Die Bilder dort verstrahlen wenigstens teilweise die kühle Erotik alter Schwarzweiß-Fotos. Anbieter Josh Mintz pflegt insbesondere das zarte Pflänzchen Selbstironie, was auch recht sexy wirken kann. Wer „wirklich was sehen will", kann über den RedStar's Sex and Erotica Index → *www.cyberspace.com/chronos/erotica.htm* selbst auf die Suche gehen. Meist aber gehören Hardcore-Pornosammlungen wie die World of Swedish Erotica → *pussy.bahnhof.se/Swedish_Erotica* (man beachte den Namen des Servers!) oder

*So schön können Überstunden vor dem Rechner sein ...*

InterSex → *zoom.lm.com* zu den kostenpflichtigen Webseiten: Man muß dem jeweiligen Anbieter ein paar Dollar per Kreditkarte oder coolem Cybercash zukommen lassen. Kaum anders als im traditionellen Großbildleinwand-Bahnhofskino.

→ In Bianca's Underground Movie Palace ist selbst unter der Dusche niemand sicher: *www.bianca.com*

→ The Wildfire Club. Nicht wie im alten Rom, aber nett: *sol.zynet.co.uk:8005/wildfire*

→ Lovelink. Zum Kennenlernen und Online-Dating: *www.cityscape.co.uk/lovelink*

## PROMINENZ: STARS ALLER ART IM WWW

Natürlich benutzen auch Prominente aus aller Welt das Internet samt WWW. Ein Mann der ersten Stunde ist Kultautor Douglas Adams („Der lange dunkle Fünfuhrtee der Seele"), der den Netsurfern das beste Motto aller Zeiten mitgab: „May your towel always be with you" („Möge dein Handtuch immer bei dir sein"). Warum auch immer. Alles und noch mehr über Adams und seine Werke bietet die Douglas Adams Worship Page → *www.umd.umich.edu:80/~nhughes/dna* – die übrigens nicht vom Meister persönlich betrieben wird! Fast schon fanatisch wirkt der Betreiber der Claudia-Schiffer-Webseiten → *www.umich.edu:80/~sherenco/Schiffer.html*, der verkündet, die Blondine sei die schönste Frau der Welt und würde seine Freundin, sobald Copperfield verschwindet. Aber wer die Lagerfeld-Entdeckung mag, kann hier immerhin in einem gigantischen Foto-Fundus stöbern. Freunde unbekleideter Videostars werden sicher begeistert die Gelegenheit wahrnehmen, mit Sexprofi Brandy Alexandre → *www.realm.net/~brandy/home.html* über ihren Job zu debattieren („Was sagen eigentlich

*Claudia Schiffer halb nackt am Strand*

deine Eltern dazu?"). Deutlich intelligenter scheint es da zu sein, sich die Zeit beim offiziellen Cindy-Crawford-Memory ➔ *cad.ucla.edu:8001/concentration* zu vertreiben. Wobei es wegen der üppigen Datentransfers aus Amerika schon ein ganzes Weilchen dauern kann, bis eine Karte umgedreht wird. Wem das noch nicht schrecklich genug war, der wird die offizielle Webseite von Horrorautor Clive Barker lieben ➔ *www.jr2.ox.ac.uk/~nowen/index.html*. Jede Menge Infos und Filmclips von Meg Ryan finden Sie unter ➔ *web.cs.ualberta.ca/~davidw/MegRyan/meg.cgi* und ➔ *tam2000.tamu.edu/~bcb4774*. An Gewichtheber, Filmfans und Frauen, die auf Muskeln stehen, wendet sich die Arnold-Schwarzenegger-WWW-Seite ➔ *www.nd.edu/~dellis/arnold.html*. Eine der seltenen Möglichkeiten, mit einem Künstler direkt Kontakt aufzunehmen, bietet die kanadische Jazzsängerin Holly Cole ➔ *www.hollycole.com*, die sogar ihre e-mails selber beantwortet (und im übrigen auch gute CDs macht). Und noch eine weitere Berühmtheit ist per WWW erreichbar, wenngleich die Antworten ebenso kurz ausfallen wie bei Kontakt per Briefpost: Über ➔ *north.pole.org/santa/talk_to_santa.html* kann man Santa Claus am Nordpol schreiben.

*Willkommen in Clive Barkers „Web der verlorenen Seelen"*

➔ e-mail an den Dalai Lama: *tcrc@unvernet.in*

➔ e-mail an Thriller-Profi Tom Clancy: *tomclancy@aol.com*

➔ e-mail an Kinostar Wesley Snipes: *herukush@aol.com*

…How could you know?/ NEEDIT TO DOMINA: Ich bin bereit. Ich mag es gerne hart/ RIC TO.

*Die Homepage der „Bundesdatenautobahn“*

# Man spricht Deutsch im World Wide Web

**Nicht jeder kann – oder will – mit englischen/amerikanischen WWW-Seiten vorliebnehmen. Und das ist auch nicht nötig! Denn jeden Tag entstehen im deutschsprachigen Raum mehrere hundert neue Webseiten.** Man muß nur wissen, wo sie zu finden sind. Ein besonders programmatisches Navigationshilfeprojekt ist dabei die bundesdeutsche Datenautobahn, kurz: BDA. Die Datenautobahn ist – augenblicklich allerdings vor allem sprachlich – das germanisierte Gegenstück zum (internationalen) DATAHIGHWAY. Am Rande dieser Autobahn sollen unter Aufsicht einiger wichtiger Provider Infos aller Art zu finden sein, vom Jobangebot über Werbung und Shopping bis zu Nachrichten und Recherchehilfen.

DATAHIGHWAY
Auch: Informations-Highway, (gewundene) virtuelle Straße, über die Cyberinfojäger rasen

Zur Zeit ist das Angebot noch verhältnismäßig gering, viele Anbieter sind nicht über die BDA zu erreichen. Dennoch ein Projekt, das zu verfolgen sich lohnt, zumal es bundesweit regionale

„Auffahrten" gibt: Von → *www.bda.de* aus werden Sie durchgeschaltet). Zum Einstieg ist die BDA allerdings durchaus geeignet, denn das Angebot wird übersichtlich präsentiert und bietet für den ersten oder zweiten Tag im Netz mehr als genug labyrinthische Verzweigungen.

TIP

Deutsche Angebote sind z.T. schlechter als ihr Ruf. Also: nicht aufgeben. Und: Ohren aufsperren, insbesondere in Newsgroups. Außerdem e-mail-Signaturen lesen. Dort stehen oft Verweise auf manchmal sehr gelungene Homepages der Absender.

Das Hauptproblem nahezu aller deutschen Einstiegsseiten besteht jedoch in der recht hohen Kommerzialisierung auf dem verhältnismäßig kleinen deutschsprachigen Markt (beides ist insbesondere im Verhältnis zum englischsprachigen Teil der Welt zu sehen). Zu viele Anbieter wollen ihr Stück vom Kuchen, und deshalb können nur wenige flächig und repräsentativ arbeiten. Denn das Grundprinzip des Internets besteht ja – ursprünglich – darin, etwas eigenes anzubieten und dadurch das (ideelle) Recht zu „erwerben", alle anderen Angebote (ebenfalls kostenfrei) zu nutzen. Im Grunde nichts als Gegengeschäfte der simplen Art. Image-Aktionen, die einen hohen Nutzwert für den Netsurfer bieten (z.B. gut sortierte Startpages, maßgeschneidertes TV-Programm per e-mail usw.) werden auch noch akzeptiert. Wer sein Angebot jedoch als hauptsächlich kommerzielle Plattform sieht, mit dem man doch irgendwie – aber wie bloß? – richtig Kohle scheffeln können muß, denkt am Netz vorbei. So entstehen bloß lauter unvollständige Linklisten (deren Einträge nämlich Geld kosten), und die privaten Homepages finden in diesem Rahmen erst gar nicht statt. Schon denken Studenten und Forscher laut darüber nach, ein eigenes deutsch-internationales Wissenschaftsnetz zu gründen und sich aus dem Internet zurückzuziehen.

Wenn in diesem Buch von Netsurfern oder Usern die Rede ist, sind natürlich stets auch **„Netsurferinnen" und „Userinnen"** gemeint – das ist klar. Allerdings liegt weltweit der Anteil Internet-nutzender Frauen bei max. sieben Prozent, nicht gerade üppig. Und davon studieren die allermeisten Informatik ... Erstaunlich allerdings: überdurchschnittlich viele originelle, pfiffige Homepages stammen aus Frauenhirnen – auch in Deutschland. Ein gutes Omen, zweifellos.

Doch all die unvollständigen, eher sinnlosen Seiten werden nicht ausreichend genutzt, rechnen sich nicht, verschwinden wieder: Das Netz reguliert sich selbst. In Zukunft ist mit weniger und dafür umfassenderen deutschen Startseiten zu rechnen, denn nur die komfortabelsten und nützlichsten werden oft angewählt und daher erhalten bleiben. Und die Zukunft des Netzes wird in Tagen, Wochen und Monaten gemessen – nicht in Jahren ...

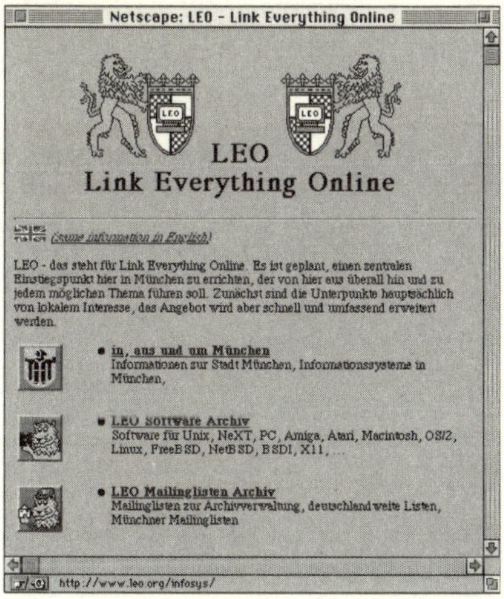


*LEO – Link Everything Online – ist eine vorbildliche Startseite mit soliden Links und guter Suchfunktion*

Dasselbe gilt natürlich auch für sämtliche anderen Angebote im Internet. Grundsätzlich gibt es dabei zwei Varianten:

- Angebote von Unis, Studenten und Privatleuten, die es sich leisten können, ohne Gewinnstreben zu agieren. Wenn deren Webseiten oder Dateisammlungen von keinem Menschen zur Kenntnis genommen werden – so what? Diese Angebote interessieren ganz oft nur einen einzigen: ihren Anbieter! Und sie verschwinden auch nicht, bloß weil kein anderer sie nutzt.
- Angebote von kommerziellen Unternehmen und/oder gesponserte – also über Werbeeinblendungen finanzierte – Angebote. Hier ist entscheidend, wie oft eine Seite aufgerufen wird (vergleichbar der Auflage einer Zeitschrift, die sich auf den Anzeigenpreis und damit den Gewinn oder Verlust auswirkt). Wenn also kaum jemand Interesse zeigt, wird das Angebot geändert oder ganz eingestellt.

Weitaus ergiebiger als bei der BDA – aber auch viel komplexer – gerät der Surfstart über den nonkommerziellen LEO (für: Link Everything Online), einen Server in München. LEO bietet u.a. eine vorbildliche SEARCH ENGINE, wahlweise für weltweite oder regionalisierte Suchaktionen. Außerdem gibt es Übersichten aller WWW-Server in Deutschland, einen FTP-Software-Pool, Listen von

SEARCH ENGINE
Suchmaschine
➔ Seite 27

FTP
➔ Seite 76

kommerziellen Firmenangeboten im Netz und, und, und. Ein hervorragendes Beispiel, wie Motivation aus sich selbst heraus entstehen kann, denn reich wird durch die stete Aktualisierung des LEO (und das Lob dafür) natürlich niemand.

## MAGAZINE: TV UND NEWS ONLINE

Eine der bestbesuchten deutschen Internet-Seiten ist die des SPIEGEL ➔ *hamburg.bda.de:800/bda/nat/spiegel.* Sieht zwar – noch – recht langweilig aus (eine renovierte Netzoptik war bei Redaktionsschluß noch in der Testphase), ist aber meist recht kurzweilig zu lesen, erscheint bereits samstags und bietet viele HYPERLINKS in alle Welt, insbesondere im Bereich Medien.

HYPERLINKS
Zeile (meist gefärbt und unterstrichen) oder Bildchen zum Anklicken. Daraufhin erscheint eine weitere Seite, eine neue (Zusatz)Information, oder man „surft" weiter zu einem ganz anderen Angebot

Überhaupt bieten die WWW-Angebote von Zeitschriften, Plattenfirmen und TV-Sendern einen recht repräsentativen Überblick des Netzlebens. So buhlen zum Beispiel bereits zwei Online-Fernsehzeitschriften um die Gunst der Netsurfer:

- TV Movie On ➔ *www.tvmovie.de*, wo man u.a. das tägliche TV-Programm nach eigenen Spartenvorgaben (nur Serien, auch Krimis, alle News-Sendungen, Sendezeiten usw.) kostenfrei abonnieren kann. Der Clou ist eine gewaltige Datenbank, die nach individuellen Vorlieben eine tägliche Programmauswahl vornimmt.
- Der „Navigator" von TV Today ➔ *www.tvtoday.de*, ein ausgesprochen grafikintensives (und daher zwar hübsches, aber langsames) Angebot
- Auch die Verlagsgruppe Milchstraße arbeitet derzeit fieberhaft daran, ihr TV Spielfilm in den Cyberspace zu hebeln.

*Gemütlich schmökern im virtuellen Zeitungskiosk*

Bei Problemen mit dem PC werden Sie vielleicht beim deutschen Ableger des US-Verlagsgiganten Ziff → *www.ziff.com/~zdeurope* fündig, wo zahlreiche Computermagazine erscheinen. Etwas unprofessioneller (aber manchmal spannender) geht's in Uni-Zeitungen zu, die man über die Linkliste → *www.cs.tu-berlin.de/~schwartz/studzeit.html* anwählen kann. Studenten, die neben Studium und Netsurfen noch freie Zeit haben, gehen gern mal tanzen – und da kommen Techno-Online → *www.techno.de* und Frontpage → *www.techno.de/frontpage* gerade recht. Und zur Beruhigung des Gewissens wird vorher noch ein wenig im Spektrum der Wissenschaft → *www.spektrum.de* geschmökert oder das bekannte Regenwald-Projekt von GEO → *hamburg.bda.de:800/bda/int/regenwald* begutachtet.

*Deutlich aktueller als auf Papier: Mopo Online*

Immer noch nicht genug gelesen? Vom virtuellen Zeitschriftenkiosk → *www.stadt.com/magazines.html* aus (an dem man endlich mal blättern darf, ohne zu kaufen!) können Sie weitersurfen zu Cinema → *www.netville.de/kino/cinema/index.html* und Sports Live → *freeport.multiversum.com/Sportslive*. Und bevor Sie nach diesem Hyper-Angebot vom Glauben abfallen, werfen Sie bitte schnell einen Blick in Gottes Wort im WWW → *www.gospel.com.net/bible?language=Deutsch*), die Online-Bibel.

## TAGESZEITUNGEN: AKTUELLER ALS AM KIOSK

Auch Tageszeitungen kann man online lesen: Die Welt → *www.welt.de*, die Schweriner Volkszeitung → *hamburg.bda.mde:800/bda/nat/hn/svz.html*, die Hamburger Morgenpost → *www.mopo.de*. Und wie alles bei der taz ist natürlich auch ihr WWW-Angebot → *www.prz.tu-berlin.de/~taz* nur ein

„Projekt", auf dessen erster Seite gleich großes Gemaule über mangelnde Spendenbereitschaft der Leser anhebt. Die Wettervorhersage kann man übrigens noch deutlich aktueller haben als aus der Tageszeitung: wissenschaftlich aufbereitet und topaktuell – samt Sat-Foto – von der Universität Stuttgart →*www.uni-stuttgart.de/Wetter/wetter.html*.

## MUSIK: WER HÖREN WILL, MUSS SURFEN

„Da ist Musike drin", urteilt der Berliner über alles, was ihm gut gefällt. Im WWW ist tatsächlich Musike drin: Die Plattenfirmen Sony →*www.sonymusic.de*, Lipstick/Jazzline →*www.move.de/amm*, BMG Ariola →*www.bmg.de* und Elbtonal →*www.netville.de/music/labels/elbtonal/elbtonal/elbtonal.html* – um nur einige zu nennen – bitten zum Tanz. Noch mehr Musik-Infos gibt's im Music Online Village Europe →*www.move.de*, wo man auch gleich shoppen gehen kann, und beim TV-Sender VH-1 →*www.vh1.de*. Besonders unterhaltsam sind dort die Wortkapriolen von Moderator Alan Bangs Rhythm 'n' Bangs: →*www.vh1.de/bangs/index.html*. VH-1 und TV Movie bieten übrigens für Telnet-Besitzer eine gemeinsame Chat-Lounge zum gemütlichen Online-Plaudern an, erreichbar über die Webseiten von VH-1 oder TV Movie.

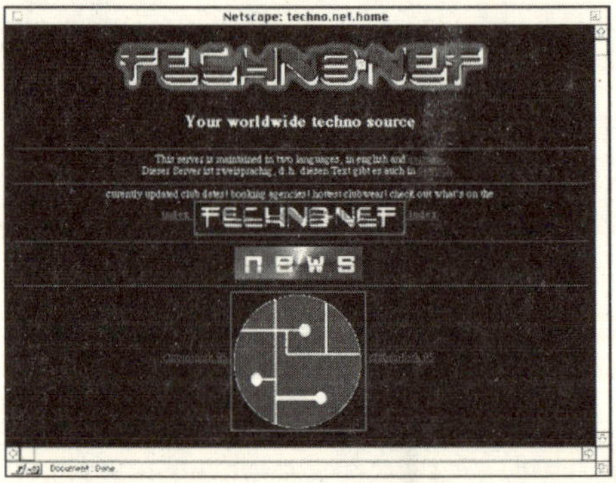


*Für die Freunde der harten elektronischen Musik: Technonet*

## BESTELLEN: VIRTUELLE VERSANDHÄUSER

Wer hören will, muß lesen, wirbt der deutsche Rolling Stone, und auch das kann man im WWW: Bei JF Lehmanns Uni-Fachbuchhandlung →*www.Germany.EU.net/shop/JFL* kann man ebenso wie bei Weiland/Mühlau →*hamburg.bda.de:800/bda/*

*nat/weiland* Bücher bestellen. Weiland bietet sogar eine Online-Titel-Vollrecherche (das ist das, was die Buchhändler immer am Computer oder mit den dicken Büchern machen, an die Kunden nicht randürfen)! Den Tee zum Lesestündchen verschickt auf Wunsch Frank Frankens Teehandlung → *hamburg.bda.de:800/bda/nat/franken/franken.html*. Und wem diese ganzen Angebote zu einseitig sind, der kann ja mal bei „OTTO find ich gut" → *hamburg.bda.de:800/bda/int/otto* vorbeischauen – ein ganzes Versandhaus im eigenen Computer! Etwas kompliziert fällt das Einkaufen im Intershop (schöner Name!) des GermanyNet → *www.germany.net/intershop/basement.html* und im Marketing-Dschungel Downtown → *www.stadt.com* aus. Andererseits absolvieren dort gerade allerhand Firmen mit gutem Geld erste WWW-Gehversuche – manchmal bemüht, oft aber auch einfach unterhaltsam und spannend. Ein Schaufensterbummel dort ist also durchaus empfehlenswert.

*Das „Hamburg Leuchtfeuer" fördert betreutes Wohnen*

## BUSINESS: FIRMEN UND TRENDS IM WWW

Wenn Sie danach immer noch Geld haben, können Sie es der Deutschen Bank → *www.deutsche-bank.de* überweisen oder in einen Volkswagen → *www.vw.iplus.com*, BMW → *www.bmw.de* oder Mercedes → *www.daimler-benz.com/index_g.html* investieren. Oder Sie spenden – wie zahlreiche namentlich aufgeführte Prominente, von denen z.T. Soundclips geladen werden können – an das „Hamburg Leuchtfeuer" → *hamburg.bda.de:800/netbox/HTML/Leuchtfeuer/Home.html*, ein Wohnprojekt für Aidskranke. Damit liegen Sie zweifellos im Trend, wird doch das Leuchtfeuer u.a. vom Hamburger Trendbüro Horx/Wippermann → *hamburg.bda.de:800/netbox/full_navigator.html* maßgeblich gefördert und präsentiert.

## INTERNET-CAFES: CYBER AU LAIT

Ein guter Startpunkt für Livekontakt zu Gästen der Internet-Cafés in aller Welt ist sicherlich München →*www.icafe.spacenet.de*, wo es sogar einen „Internet-Kindergarten“ für New user gibt. Weiterplaudern können Sie dann z.B. im Wiener Café Stein →*www.cafe-stein.co.at/stein*, in der – englischsprachigen – „Dorfschenke Germany“ →*www.dorfschenke.de* oder im Elektronischen Café (kurz: ElCafe) in der Hamburger Konzerthalle Docks →*www.elcafe.com*. Dort können Sie übrigens auch Kochen („ein ganzes Lamm wird in der Grube gebraten“: →*www.elcafe.com/~indigo/kueche/marokko.html*) und Shaken (Mr. Scott's Cocktail-Seite: →*www.elcafe.com/~scotty/cocktail.html*) lernen. Falls Sie auch mal persönlich in einer dieser Gaststätten vorbeischauen wollen, können Sie sich

*Wissen von A–Z: Meyers Lexikon online*

im ElCafe per Kontaktanzeige auch einen Partner dafür suchen. Wobei leider – wie immer und fast überall – ein ganz bestimmtes Thema bei beiden Geschlechtern im Vordergrund steht: „Du sollst schlank und trotzdem gut gebaut (OW) sein; Sauberkeit und HIV-negativ Voraussetzung“, „Bin 26 Jahre, blond, und suche jemand mit einem großen Stengel“, „Janka, 21, sucht strengen Erzieher“. Auch 'ne Möglichkeit, via WWW Geld zu verdienen...

## LINKLISTEN: VON HIER AUS IN DIE WEITE WELT

Eine private Homepage →*uts.ipp-garching.mpg.de/~kaw* mit massenhaft Links in alle Welt stellt Klaus Woerle (siehe Seite 93) bereit. Als erstaunlich kompetent ausgewählt erweist sich auch die Hyperlinkliste ausgerechnet der verschlafenen Deutschen Telekom →*www.dtag.de/dtag/hotlist.html*. Ob wohl die neuen

Telefongebühren (siehe Seite 31) etwas damit zu tun haben? Immerhin lohnt es sich für die grau-violetten Männchen ja, die Netsurfer lange beschäftigt zu halten. Christos Reichstagsverhüllung live gab's in der Kulturbox Berlin → *www.kulturbox.de*. Eine sagenhafte Linkliste in alle Welt bietet → *www.bwl.uni-mannheim.de/IBox/Links.html*. Chatten und surfen kann man von *www.spring.de* aus.

**NACHSCHLAGEN: HIER STEHT EINFACH ALLES**

Übersetzungen aus einer europäischen Sprache in die andere leistet → *www.uni-frankfurt.de/~felix/eurodictautom.html*. Alle Unklarheiten beseitigt Meyers Lexikon (oft belegt, nur drei User zur Zeit) → *hgiicm.tu-graz.ac.at:80/E9BA1C44/A0x811b9908_0x0002e0e2*. Ein Verzeichnis vieler Englischwörterbücher finden Sie unter → *www.unipassau.de/forwiss/mitarbeiter/freie/ramsch/englisch.html*, eine Liste von Lebensmittelzusatzstoffen und EG-Nummern unter → *www.chemie.fuberlin.de/cgi-bin/incsrv?fb_chemie/ioc/chem/zusatzstoffe.html* und Akronyme (z.B. Abk. u.a.) in Berlin: → *www.chemie.fu-berlin.de/cgi-bin/acronym*.

**REISEN: IN ECHT, NICHT VIRTUELL**

Last-Minute-Angebote aller Art stehen gesammelt unter → *www.tkz.fh-rpl.de/tii/lm/lm.html* zur Verfügung; buchen kann man u.a. auch bei „5 vor 12 – Last Minute Reisen": → *www.lastminute.de*. Ob der Kranich nach Plan fliegt, können Sie unter → *www.tkz.fh-rpl.de/tii/lh/lhflug.html* checken; Bahnverbindungen schlagen Sie an der Uni Karlsruhe (nein, nein, doch nicht bei der Bahn, Sie Optimist) → *rail.rz.uni-karlsruhe.de/rail/rsask-d.html* nach, und die DB-Tickets ordern Sie dann – wenn noch mindestens drei Tage Zeit sind – auch per WWW: diesmal dann doch bei der Bahn selbst unter → *www.bahn.de/Plan/bestellf.html*.

TIP

Kontaktanzeigen via Internet sind nur selten ergiebig. Sie werden deutschlandweit gelesen – und welcher Hamburger wird sein Liebchen schon in Stuttgart suchen? Trotzdem: Sie sind kostenlos und schaden bestimmt nicht

...zusammen/ LOVELAND TO RIC: And that's all?/ *German Stud has entered the channel.*

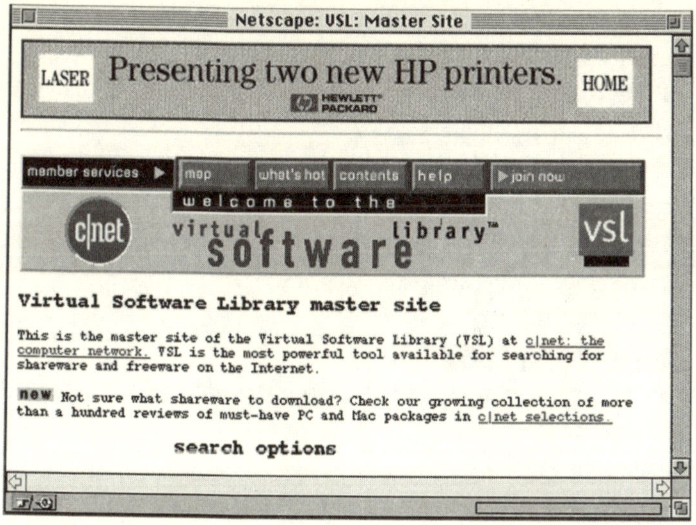


*In der Virtual Software Library bekommen Sie fast jedes Programm der Welt*

# Was das Internet noch alles kann

**Das Internet hat viel mehr zu bieten als die unterhaltsamen WWW-Seiten. Ohnehin ist es ja nicht als TV-Ersatz erfunden worden, sondern als Arbeitserleichterung für Wissenschaftler.** Deswegen wirken sämtliche anderen Dienste (jedenfalls auf Anfänger) extrem unattraktiv und kompliziert, obwohl es inzwischen von nahezu allen CLIENTS Windows- bzw. Mac-Versionen gibt. Noch vor wenigen Jahren mußte man Dateitransfers mit extrem langen und vollkommen kryptischen Kommandozeilen für holprige UNIX-APPLIKATIONEN initiieren.

CLIENTS
→ Seite 19

UNIX-APPLIKATIONEN
Für das Betriebssystem UNIX geschriebenes Programm, das – meistens für DOS – nur leicht umgeschrieben wurde, aber nach wie vor nur Informatikern Freude macht

Einige dieser Dienste kann man auch unter Netscape oder anderen Browsern benutzen, wenngleich oftmals nur eingeschränkt. So war wohl das Versenden von e-mails unter Netscape möglich, geistreicherweise aber nicht der Empfang elektronischer Post! Mit der aktuellen Version Netscape 2.0 hat sich das allerdings geändert: Viele allgemeine Dienste sind nun integriert (wenn auch zum Teil nur in bescheidenem Umfang).

In diesem Abschnitt erfahren Sie, welche Dienste wie funktionieren, wozu sie gut sind, ob Sie sie überhaupt brauchen, wie und wo Sie ggf. entsprechende Programme kostenlos bekommen. Wobei es noch zahllose weitere Fachangebote gibt, und täglich kommen neue dazu – unterhaltsame wie informative. Aber wenn Sie regelmäßig mit den folgenden Clients arbeiten – und insbesondere die Newsgroups aufmerksam lesen –, werden Sie aktuelle Entwicklungen recht schnell mitbekommen.

TIP

Um unter Netscape weitere Dienste nutzen zu können, müssen Sie etliche Angaben (zum Beispiel Ihre Mail-Adresse) im Menü Options|Mail And News|Directories machen

## E-MAIL: COMPUTERPOST

Der sicherlich wichtigste und wahrscheinlich auch meistgenutzte Internet-Dienst ist das Verschicken und Empfangen von e-mails. Wenn Sie zufällig schon einmal an einem firmeninternen Computernetzwerk gearbeitet haben, kennen Sie das Grundprinzip: Sie schreiben eine kurze Nachricht, geben den (Rechner) Namen des Empfängers an, und Bruchteile von Sekunden später erhält er Ihre Info. Im Internet ist das natürlich etwas komplizierter: Sie schreiben eine Mail (wenn es ein längerer Text ist, tun Sie dies am besten offline, also ohne laufende Telefonverbindung zum Provider). Anschließend stellen sie den Kontakt zum Provider her, als ob Sie Netscape aufrufen wollten. Dann schicken Sie Ihre Mail an den Computer des Providers, von dort aus wird sie zum Provider bzw. Server des Empfängers transportiert, wo sie lagert, bis der Adressat sein Mailprogramm startet und nach neuer Post suchen läßt. Das sollten Sie mindestens alle zwei Tage tun.

Sie haben mehrere Möglichkeiten, eine solche Mail zu verschicken. Auf WWW-Seiten wird oft die Möglichkeit angeboten, dem Betreiber eine Nachricht zu senden. Klicken Sie auf den entsprechenden HYPERLINK, dann öffnet Netscape ein Mail-Fenster und trägt automatisch die korrekte Mail-Adresse ein. Sie müssen nur noch Ihre Mitteilung schreiben und abschicken.

HYPERLINK → Seite 27

Um Mail zu bekommen, benötigen Sie jedoch ein Mailprogramm. Sie müssen es zuerst konfigurieren, also Ihre Mail-Adresse eingeben usw. Starten Sie es dann, und es fragt automatisch nach Ihrem Password (das hat Ihnen der Provider zum Einwählen zugeteilt) und sucht nach Post. Die können Sie dann - ggf. offline - lesen und ausdrucken. Wollen Sie antworten, wählen Sie (je nach Software) „Beantworten" oder „Reply", daraufhin erscheint ein neues Fenster, in das die e-mail-Adresse des Empfängers bereits eingetragen wurde. Der gesamte Text der Mail erscheint als Zitat. Was Sie nicht als Bezugshilfe stehenlassen wollen, müssen Sie löschen! Löschen Sie nicht zuviel, weil Ihr Gegenüber sich sonst vielleicht nicht mehr erinnert, worum es ging, lassen Sie aber auch nur das nötigste stehen - wer will schon den ganzen eigenen Sermon noch mal lesen. Sie können an jeder beliebigen Stelle Text einfügen und die Mail dann versenden. Bei manchen Mailprogrammen - und auch bei einigen Newsreadern - wird nicht automatisch zitiert; Sie müssen extra „Quote" (wörtl.: Zitat) wählen.

Wenn Sie viele eigenständige Mails (also keine „Replys") an regelmäßige „Briefpartner" schicken, sollten Sie einmal ausprobieren, wie die Option „Nicknames" Ihres Mailprogramms funktioniert: Das erspart viel Tipparbeit!

Grundsätzlich ist übrigens der beste Weg, eine e-mail-Adresse herauszufinden, den Empfänger anzurufen. Es gibt nämlich kein vernünftiges oder gar vollständiges e-mail-Adreßbuch, und alle Suchmethoden sind mühsam und unvollständig. Zudem können Sie Mails in nahezu alle anderen Online-Programme schicken und auch von dort Mail empfangen. Dazu müssen Sie der Mailadresse weitere Angaben hinzufügen. Am einfachsten ist es, Sie rufen jemanden an und lassen sich eine Mail schicken: Im „Header", dem Kopf, steht neben allen möglichen anderen Informationen auch der Absender, und zwar korrekt verständlich für jedes Internet-Mailprogramm. Übrigens: Um in Mails und News Gefühle (etwa Ironie) deutlich zu

Das Internet „lebt", und deshalb kann schon morgen alles anders sein. Zum **Software-Download** geben wir beständige Adressen an — aber man weiß ja nie. Wenn Sie also einen der Download-Server aus diesem Kapitel nicht mehr erreichen können (z.B. weil das Programm umbenannt wurde oder der Server jetzt woanders steht), können Sie selbst mit Hilfe der Suchmaschinen, über Archie (siehe Seite 76) und in der „FTP-Liste" von *www.leo.org* nach neuen Quellen suchen.

TIP

Mit Hilfe der Option „Attach" können Sie als Anlage auch Dateien (Texte, Bilder, kleinere Programme) verschicken. Stellen Sie aber das „Format" ggf. auf MIME: BinHex, die Alternative, können nicht alle Rechner verarbeiten machen, verwendet man sogenannte EMOTICONs. Ein empfehlenswertes Mailprogramm ist „Eudora", das Sie unter *lorien.qualcomm.com/quest/QuestMain.html* mit Netscape für jedes gängige Betriebssystem bekommen.

EMOTICON
Kleine „Smileys"
→ Seite 100/105

## FTP: DATEITRANSFER

Ein weiterer wichtiger Dienst ist FTP: Mittels des „File Transfer Protocol" können Sie Dateien von FTP-Servern downloaden. Und da FTP-Server nur für diesen einen Zweck gut sind, werden sie normalerweise bis obenhin mit Dateien vollgestopft! Natürlich können Sie – wenn der Server dies zuläßt – auch eigene Dateien für die Allgemeinheit dort ablegen.

Wundern Sie sich bitte nicht, wenn Sie erst im dritten oder vierten Versuch eine **Verbindung zum FTP-Server bekommen,** wenn der Datenstrom verträumt vor sich hin plätschert oder die Übertragung unversehens abbricht. Beliebte Server sind ständig überlaufen und dadurch super langsam. Logfenster beachten und wieder versuchen!

Die meisten FTP-Services können Sie mit Netscape nutzen, aber nur in begrenztem Umfang – manche FTP-Server verlangen ein kompliziertes Logon-Verfahren, zu dem nur FTP-Clients imstande sind. Im Zweifelsfall haben Sie immer recht gute Chancen mit den Angaben „User: guest" und „Password: anonymous@", wodurch die meisten FTP-Clients Ihre e-mail-Adresse als Password angeben.

Sind Sie erst mal mit dem FTP-Server verbunden, bewegen Sie sich auf dem Fremdrechner genauso wie auf dem eigenen; im Regelfall steht Ihnen ein Fenster für die Aktivitäten auf dem eigenen Rechner zur Verfügung, ein anderes für Bewegungen auf dem HOST. FTP-Adressen finden Sie auf vielen Web-Seiten. Wo Sie eine bestimmte Datei – deren Namen Sie jedoch kennen müssen! – finden, verrät Ihnen „Archie". Einen FTP-Client finden Sie zum Beispiel unter *vsl.cnet.com*, in einer gigantischen Software-Sammlung und -Verwaltung für fast alle Betriebssysteme.

HOST
Der Rechner, auf dem Sie zu Gast sind: also Ihr elektronischer „Gastgeber"

## ARCHIE: DATEISUCHE

FTP ist schön und gut, wenn man weiß, was man will und wo man es findet. Dabei nun hilft Archie. Archie ist höchstwahrscheinlich (genau weiß man's nicht, wie so vieles im Net) die Abkürzung für „Archiv" oder „Archivierungsverwaltung". Jedenfalls kann Archie – natürlich wieder nur auf speziellen Archie-Servern – nachschlagen, auf welchen FTP-Servern (und in welchen Verzeichnissen) eine Datei mit einem bestimmten Namen zu finden ist. Wobei das manchmal eine ganze Weile dauern kann; keine Angst, Sie haben nichts falsch gemacht. Allerdings müssen Sie wissen, wie das Programm heißt oder unter welchem Dateinamen es gespeichert ist. Mit dem Suchwort „Browser" läßt sich also zum Beispiel Netscape nicht finden! Und noch etwas anderes kompliziert die Suche. Viele Programme sind – unter ähnlichen Dateinamen – für Mac und DOS/Windows, für Unix, Linux und Amiga (oder für noch ganz andere Systeme) zu haben. Einen Hinweis darauf gibt meist (aber nicht immer) das Verzeichnis: ...mail/mac/... enthält höchstwahrscheinlich Mailprogramme für Macs, in ...pc/www/... dürften sich WWW-Clients für PCs finden. Oft heißt das Anfangsverzeichnis aller frei zugänglicher Software /pub – für „public", öffentlich. Gute Tips, wo es welche Programme gibt, erhalten bzw. finden Sie auch in einigen Newsgroups (siehe unten). Gute Archie-Clients finden Sie in der Software-Sammlung *vsl.cnet.com*.

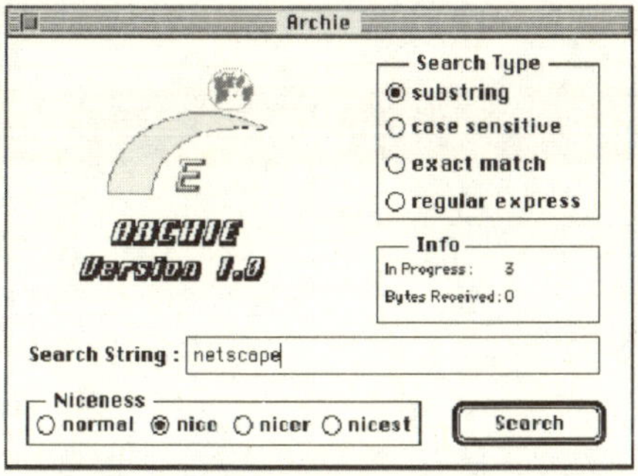


*Das Suchfenster des Programms „Archie"*

TIP

Alles ganz schön kompliziert? Dann beherzigen Sie den Vorschlag von Profi Dr. Kurt Weissen: „Suchen Sie über die Newsgroups einen Internet-Kenner in Ihrer Nähe, und laden Sie ihn zu Kaffee und Kuchen ein"

## GOPHER: FORSCHUNG UND LEHRE

Vor allem für wissenschaftliche Arbeiten und/oder komplizierte Fachrecherchen ist Gopher interessant. Mit Gopher können Sie die auf – hätten Sie's gewußt? – Gopher-Servern abgelegten Textdokumente lesen und nach bestimmten Schlüsselworten durchsuchen. Da es sich im Regelfall um Uni-Rechner handelt, können Sie sich etwa sämtliche dort abgespeicherten Dokumente anzeigen lassen, die das Wort „Urteil“ enthalten, wenn Sie Material über (juristische oder moralisch-philosophische) Urteilsfindungen suchen. Das geht weltweit und unerwartet schnell – allerdings müssen Sie sich Gopher-Server für Gopher-Server einzeln vornehmen (das nennt man dann „gophern“). Abhilfe schafft ein kleines

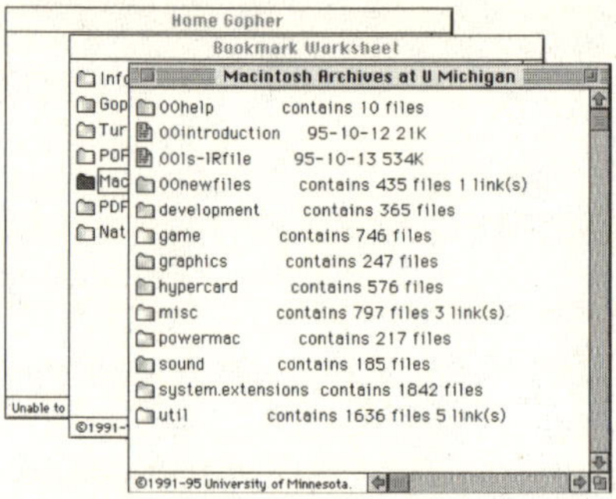


Zusatzprogramm namens „Veronica“, das in die meisten neueren Gopher-Clients bereits integriert ist: Veronica durchsucht den gesamten „Gopher-Space“, also alle Gopher-Server dieser Erde, nach dem oder den Suchbegriff(en).

*Gopher ist ein sehr „mächtiger“, aber textintensiver und „langweiliger“ Client*

Insgesamt ist Gopher ein sehr mächtiger, umfassender und hilfreicher Dienst – wenn man ihn wirklich braucht. Wenn nicht, lohnt sich der Aufwand nicht, den Aufenthalt im Gopherland zu üben. Einen guten Gopher-Client finden Sie unter *vsl.cnet.com*.

## USENET: DISKUSSIONSGRUPPEN

Für wissenschaftliche Arbeiten, zum Meinungsaustausch, zum Kennenlernen und diskutieren, zum Kaufen und Verkaufen und, und, und sind die NEWSGROUPS im Usenet (wörtl.: Nutz-Netz) hervorragend geeignet. Wenn Sie Netscape einen News-Server nennen (in "Options|Mail And News| Directories"), können Sie über "Window|Netscape News" die News erreichen. Sie haben dann zwei Möglichkeiten: Sie „abonnieren“ ausgewählte Newsgroups, oder Sie stöbern in der gesamten Riesenmenge herum. Wir empfehlen Ihnen, mindestens folgende Newsgroups zu „abonnieren“ (das geht je nach Provider anders, wird aber auf den Webseiten

NEWSGROUP
Nach Themen geordnete „elektronische Pinwände“ für zeitversetzte Fern- und oft auch Fachdiskussionen

Newsgroups sind nützlich, **wenn man mit ihnen umzugehen weiß.** Erste Regel: 14 Tage mitlesen, dann erst zu Wort melden. Zweitens: immer überlegen, ob eine Nachricht in diese Gruppe gehört (z.B. keine „dummen“ Anfängerfragen in Wissenschaftsgruppen). Drittens: immer höflich und sachlich bleiben!

erklärt): *de.newusers* und *de.newusers.questions*, in denen die häufigsten Fragen von Netz-Neulingen (auf deutsch) beantwortet werden. Zusätzlich sollten Sie sich ein paar aussuchen, deren Themenmischung ganz interessant wirkt. Sie können jederzeit wechseln, Sie können vor dem Abonnieren in die Newsgroup hineinlesen, und die ganze Sache kostet keinen Pfennig extra.

MAILEN
Computerdeutsch für: e-mail verschicken

Eigene Nachrichten bzw. Kommentare zu Nachrichten müssen Sie „posten", das funktioniert ähnlich wie MAILEN, mit kleinen Unterschieden von Programm zu Programm. Sie können auch „crossposten", eine Nachricht also in mehrere Newsgroups schreiben (was nicht allzugern gesehen wird). Und Sie können dem Autor einer News auch direkt eine e-mail zukommen lassen, was Sie immer tun sollten, wenn Sie eine subjektiv-private Frage und keinen Sachkommentar loswerden wollen.

Die Newsgroups sind nach **Themen** geordnet. Nur so findet man, was man sucht, und erreicht Leser, die gleiche Interessen haben. Wichtige Abkürzungen der Gruppennamen sind „de" für deutsch(sprachig), „alt" für alternativ (also anderweitig nicht rubrizierbare Themen), „comm" für Kommunikation und „soc" für Soziales aller Art. Probepostings sollten ausschließlich in *.test-Gruppen auftauchen, denn genau dafür sind die Gruppen da!

Netscape hat mehrere Nachteile: U.a. werden gelesene News beim nächsten Logon nicht mehr angezeigt. Dagegen hilft ein vollwertiger Newsreader, der jedoch etwas komplizierter zu bedienen ist. Am besten probieren Sie mit Netscape aus, ob die ganze Sache Sie interessiert, und wenn ja, versuchen Sie's mal mit Free Agent, erhältlich unter *www.cato.com/forte*.

Ein ganz spezielles Thema sind Newsgroups und Sex. Sex (und Neonazis) im Netz haben ja für böse Schlagzeilen gesorgt, und das natürlich – grundsätzlich betrachtet – auch zu Recht. Andererseits ist es so einfach auch wieder nicht, Hardcore-Sex oder Neonazi-Pamphlete zu finden: An jedem besseren Bahnhofskiosk kann man das schneller und billiger haben. Zufällig und per Mausklick (insbesondere im WWW) auf Sex und/oder Gewalt zu stoßen, ist nicht wahrscheinlicher, als auf dem Bahnhofsklo ein altes Schmuddelheft zu finden. Insgesamt ist die Zahl der Netz-Mißbraucher verschwindend gering – aber sie sind nun mal der Preis der Freiheit. Wem das nicht paßt, der kann ja gegenan-FLAMEN. Im übrigen muß ja niemand Sexangebote aufrufen oder überhaupt ins Internet gehen – wer es doch tut, ist für sich allein verantwortlich. Die Internet-Grundregel ist: Jeder kehre vor seiner eigenen Tür, dann ist's bei allen sauber.

FLAMEN
Beschimpfungen ausstoßen

Sexbilder (und jede Menge anderer Nicht-Text-Dateien) finden Sie in den Newsgroups alt.binaries.* bzw. de.alt.binaries*. Die langen, unverständlichen Files dort („...!P\+"PD,$0\2$A$/$1$-3%AP7$Q0:%1$1&"$...") wurden mit dem Programm UUENCODE verschlüsselt und können mit UUDE-CODE wieder entschlüsselt werden. Dazu müssen Sie die jeweilige Datei allerdings erst einmal downloaden („File|Save As..."). Wenn die Ursprungsdatei zu groß war, werden daraus manchmal mehrere Teile, die UUDECODE zusammenfassen kann, die Sie jedoch alle einzeln downloaden müssen. Das kostet Zeit und Nerven. Und an dem Bild auf dieser Seite können Sie schon sehen: nichts, was es nicht an jedem Kiosk gäbe.

*Viel Fleisch für wenig Geld*

Manchmal packt natürlich auch irgendein tumber Mensch seine ganz private FKK-Fotosammlung auf einen beliebigen FTP-Server und tut das via Newsgroup weltweit kund. Dann bricht Sekunden später in dieser Ecke des Nets der Datenverkehr total zusammen, nichts geht mehr, und die Schmuddelkinder des Netzes setzen sich sehr schnell gegenseitig außer Gefecht.

## CHATLINES: NETZPLAUDEREIEN

Alle bislang genannten Kommunikationswege waren entweder einseitig (z.B. das Abrufen und Ansehen von WWW-Seiten, das Downloaden von Dateien) oder zeitversetzt zweiseitig (Angeber sagen „isochron bidirektional"), wie etwa bei e-mails, News und darauf enthaltenen Antworten . Aber Sie können auch live im Internet plaudern oder gar – zum Ortstarif! – mit „Internauten" in aller Welt sprechen! Das geht mit Hilfe von Telnet, IRC, Talk und anderen synchronen Kommunikationsprogrammen.

Telnet ist eines der ältesten Internet-Werkzeuge. Telnet kann tatsächlich eine ganze Menge, ist aber (allein genutzt) extrem unkomfortabel. Allerdings benutzen noch einige beliebte Chat-Lounges (erreichbar über WWW-Seiten) Telnet. Einen guten Telnet-Client erhalten sie über *vsl.cnet.com*.

Tausendmal spannender ist das Chatten mit IRC, dem Internet Related Chat. Dazu müssen Sie mit Ihrem IRC-Client einen IRC-Server kontakten. Sie können sich dann eine Liste der bereits vorhandenen Kanäle (Channels) angeben lassen oder einen eigenen Kanal erzeugen. Sie können sich in laufende Diskussionen in Echtzeit einschalten. Die Höflichkeit gebietet beim Betreten einer Gruppe zu grüßen und dann erst mal mitzulesen, um was es geht. Beim Chatten ergeben sich oft nette Kontakte, die dann mittels e-mail oder Talk (siehe unten) gepflegt werden. Adressen von IRC-Servern finden Sie zum Beispiel unter *www.informatik.uni-oldenburg.de/~ircadm/intro.html*, dort erreichen Sie auch die FAQs, die Sie lesen sollten, da eine ganze Reihe ungeschriebener Gesetze zu beachten sind. Einen IRC-Client für Ihr System finden Sie unter *vsl.cnet.com*.

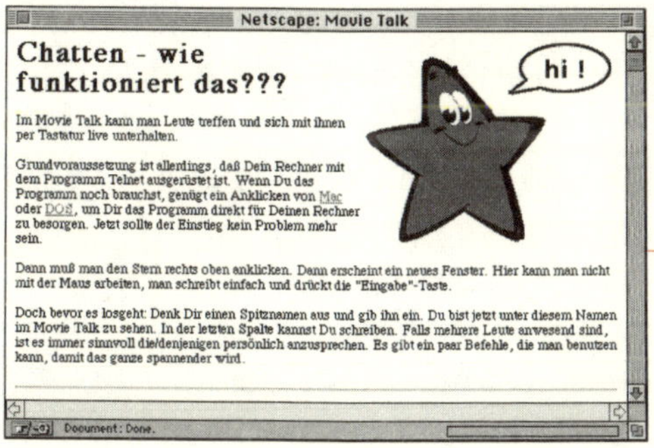


*In der TV Movie-Lounge kann man mit Telnet chatten*

Nur mit einem einzigen Gesprächspartner verbinden Sie Talk-Clients. Der Bildschirm wird halbiert, die Eingaben werden in Echtzeit übermittelt, inklusive aller Tippfehler. Nette Sache, um vielleicht IRC-Flirts ohne Zuleser fortzuführen. Netscape bietet einen Talk-Client an, den Sie von der Netscape-Homepage aus downloaden können.

TIP

Die Programme uuencode/uudecode solten Sie sich per Archie/FTP besorgen, dann können Sie auch Sounds, Grafiken u.ä. verschicken. uuencode ist dafür der Quasi-Standard

FAQ

*Frequently Asked Questions:* oft gestellte Fragen (und die Antworten dazu) als Liste ➔ Seite 47

Das – kostenpflichtige – Programm „Internet Phone“ erlaubt es Ihnen, mit einem anderen Internet-Nutzer zu „telefonieren“. Dazu brauchen Sie allerdings noch ein Mikrofon, eine Soundkarte und

*Weltweit „telefonieren“ zum Ortstarif*

Lautsprecher – und die ganze Sache erinnert eher an eine Sportübertragung als an ein Telefonat. Miteinander zu sprechen ist natürlich persönlicher als nur voneinander zu lesen. Und es kostet Sie nur die örtlichen Telefongebühren zum Provider. Lohnt sich also, wenn man weltweit Freunde hat. Testsoftware und Infos erhalten Sie unter *www.vocaltec.com*. Mit dem Apple geht es komfortabler: Für Geräte mit eingebautem Mikrofon brauchen Sie nur noch einen Apple Geoport Adapter und die kostenlose Apple Telecom Software (gibt's im Fachhandel oder ist bereits im Lieferumfang enthalten).

TIP

Damit Sie Telnet-Chat-Lounges (z.B. von TV Movie On und VH-1) per Mausklick über Netscape nutzen können, müssen Sie (wieder einmal unter „Options|Preferences“) die entsprechende Software angeben

Noch mehr Features bietet Tribal Voice – bis zu sieben Internetter können gemeinsam (!) netsurfen und gleichzeitig miteinander sprechen: quasi ein fröhlicher Picknickausflug im Internet! Software finden Sie unter *www.tribal.com*.

Aber vergessen Sie bitte nicht: E-Kommunikation macht – schlimmstenfalls – einsam! Denn im Sessel zu hängen und nach Lust und Laune dumme Sprüche in die Tastatur zu hacken ist natürlich viel bequemer, als sich der Außenwelt zu stellen und mit wirklichen 3-D-Menschen in Kontakt zu kommen. Genau wie Gamekonsolen oder Fußballübertragungen können auch Chats, News & Co. süchtig machen. Und irgendwann schreibt man dann über eine Welt, zu der man gar keinen rechten Bezug mehr hat.

Glücklicherweise kommt das selten vor. Die meisten Nutzer begreifen die neuen Medien als das, was sie sein sollen: Ergänzungen zu uns bekannten Kontaktformen, mit denen man schnell und preiswert große Entfernungen überbrücken kann.

Und noch etwas: Ihr e-mail- oder Chat-Partner könnte behindert, kahlköpfig, blind, häßlich oder ein Lügner sein. Und alles zusammen natürlich auch. Das hat gleichermaßen Vor- und Nachteile, wie jede andere Kommunikationsform auch. Man muß sich dessen nur bewußt sein. Denn das Internet ermöglicht einerseits ungewöhnlich vorurteilsfreien Kontakt, was zu sehr sachlich-fruchtbaren Diskussionen führen kann. Niemand hält hier Blondinen von vornherein für dumm – denn niemand weiß, wer die Blondinen sind! Andererseits wird der Ton dadurch schnell rüde, semipersönliche Beleidigungen und ironische Implikationen sind an der Tagesordnung. Aber wer beim Chatten lügt oder etwas verschweigt – oder gar seine Meinung ungefragt aufdringlich in den Cyberspace hinausdröhnt – verrät ja auch allerhand über sich.

> Das Netz kennt kein Gesetz! Einziges Regelwerk ist die sogenannte **„Netikette"**, ein selbstgebastelter Netz-Knigge. Wichtige Regeln: GROSSBUCHSTABEN gelten als Schreien; Betonungen werden durch *Sterne* oder angedeutete _Unterstreichungen_ gekennzeichnet. Nutzlose Datenübertragungen sind zu vermeiden (d.h. chatten Sie besser auf einem deutschen Server als in Uganda). Keine Umlaute, max. 72 Anschläge/Zeile. Und vor allem eines: keine Gewalt, keine Propaganda!

Auch diese Medaille hat also zwei Seiten. Doch Sie sind jedenfalls nicht vorschnell enttäuscht, wenn Ihre Erwartungen beim „Echtwelt"-Blind-Date mit dem Chatfreund nicht erfüllt werden. Und natürlich kann sich die hochintelligente e-mail-Brieffreundin auch als atemberaubende Schönheit entpuppen, die ins Internet geflohen ist, weil ihr vorurteilbeladene Intellektuelle keinen zweiten Gedanken zugetraut haben ...

…trinken gehen/ LOVELAND: Wahrscheinlich hast du recht/ GERMANSTUD: Aber?/ LOVELAND:…

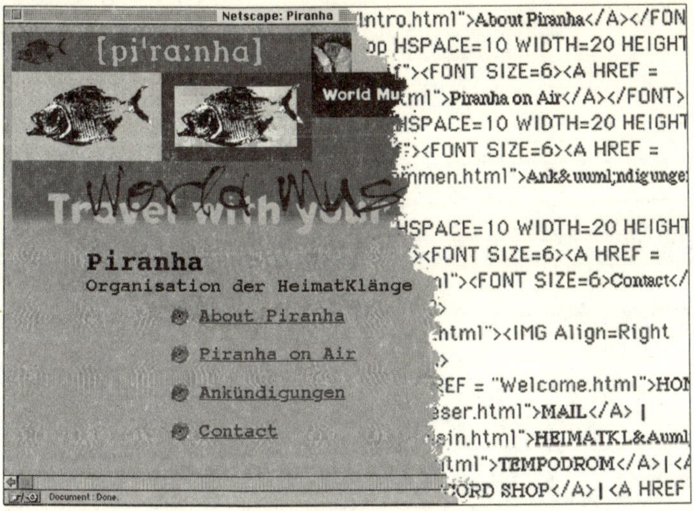


*So einfach sieht das HTML-Script für ein WWW-Dokument aus: erstellbar mit jedem Textprogramm*

# Hinter den Kulissen des World Wide Web

**Im Internet präsent zu sein ist einfach und billig. Erstaunlich, daß es das heute noch gibt, nicht wahr? Möglich wird's durch die simple Scriptsprache** HTML. In der schreiben und designen Sie eine Webseite, packen ein paar Grafiken dazu – und fertig. Das reicht jedenfalls für eine durchschnittliche Homepage der Marke: „Ich bin Udo und gucke gerne Star Trek. Hier sind meine liebsten Hyperlinks." Wenn Sie natürlich ein optisches Fest bereiten wollen, werden Sie in der Regel die Hilfe kompetenter Grafiker oder Multimediabüros benötigen. Aber Vorsicht: Deren Seiten sind nicht nur teuer – sie belasten wegen der hohen Datenmenge auch das Netz ungemein, und der Netsurfer muß in Stoßzeiten minutenlang (!) warten, bis der Aufbau beendet ist. Da kommt nur wenig Freude auf, und meist wird der Seitenabruf unterbrochen. Geld zum Fenster rausgeworfen.

HTML
Hyper Text Mark-up Language
➔ Seite 27

Ohnehin sind reine Anzeigenseiten im Web nicht gern gesehen, und ehrlich gesagt: Warum sollte sie auch jemand freiwillig aufrufen? Im TV gucken ja auch die wenigsten gern überlange Werbeblöcke. Faustregel: Eine WWW-Seite muß nützlich sein, und ihr Nutzen besteht entweder in einem Service oder im Unterhaltungswert (siehe Seite 65). HTML richtig zu lernen lohnt sich nur, wenn Sie Größeres im Netz vorhaben. Sie benötigen zum Erstellen guter Seiten übrigens einen HTML-EDITOR, von denen die besseren gutes Geld kosten und die kostenlosen eine Menge Nerven. Hüten Sie sich also vor Programmen mit zuviel Schnickschnack. Das allerallermeiste davon brauchen Sie sowieso nie!

HTML-EDITOR gibt's – wie Textverarbeitungen – mit „What you see is what you get" (kurz: WYSIWYG). Theoretisch reicht auch ein Text-Editor, das ist aber auf die Dauer verdammt lästig

Um dann Ihre Seite „ins Web zu hängen", mieten Sie bei einem Provider bzw. Ihrem Multimediabüro Festplattenplatz für eine monatliche Gebühr je nach Datenvolumen. Wenn Sie etwa zehn Seiten anbieten, betragen die monatlichen Kosten im Augenblick 400 Mark oder mehr. Kommerzielle Werbung im Internet lohnt sich wahrscheinlich nur in zwei Varianten. Sie bieten unter Ihrem guten Namen einen nützlichen/unterhaltsamen Service an: zum Beispiel aktuelle Infos über die Bands Ihrer Plattenfirma, das TV-Programm, Vorabdrucke von irgend etwas. Das ist dann reine Imagewerbung, es sei denn, Sie nehmen auch (Abo)Bestellungen entgegen, und von denen werden Sie sicher nicht reich, soviel ist klar. Die zweite Möglichkeit ist ein „Werbestreifen" auf einer an sich nonkommerziellen Seite, wie einer SEARCH ENGINE. Sie treten dann als Sponsor auf, und hinter dem schmucken Werbefeld kann sich eine Verbindung zu Ihrer HOMEPAGE verbergen.

*Sharp wirbt auf Netville für seine Produkte*

SEARCH ENGINE
→ Seite 28

HOMEPAGE Startseite Ihres WWW-Angebots
→ Seite 91

Viele interessiert natürlich auch die Möglichkeit, in oder mit dem Internet Geld zu verdienen. Immer wieder tauchen Kettenbriefe und Miniprogramme wie „Wincash" auf, deren Grundprinzip immer gleich ist: Sie schicken irgendwem Geld, geben Ihren Namen ein, schicken die Kettenmail weiter, und binnen weniger Stunden oder Tage sind Sie tausendfacher Millionär. Haha!

Klassische Versandgeschäfte werden natürlich auch schon – wenngleich noch in geringem Ausmaß – übers WWW abgewickelt. Das ist besonders interessant, um beispielsweise Bücher aus den USA zu bestellen, was sonst hochkompliziert ist und sehr lange dauert. Auch bei Quelle und Otto kann man im Netz ordern. Aber Achtung: Ihre Kreditkartennummer kann bei der Übertragung von dunklen Gestalten abgefangen werden! Das kann eine Menge Ärger verursachen. Lieber per Fax, Telefon oder Brief übermitteln!

Und dann gibt es noch „e-cash", elektronisches Geld. Mehrere Anbieter, darunter DigiCash, CyberCash und NetCash, bieten CYBERMONEY an. Zur Zeit gibt's anfangs noch ein paar virtuelle Dollar umsonst zum Testen. Bei angeschlossenen Anbietern, zum Beispiel einigen Online-Galerien, können Sie dann Ihren Eintritt löhnen. Irgendwann wird's ernst, und das e-cash-Konto muß mit harter Währung aufgefüllt werden. Angeblich eine unknackbare Form der digitalen Bezahlung – warten wir's ab.

CYBERMONEY
Computerwährung
➔ Seite 55

Die Sicherheit von Datenübertragungen ist ohnehin ein Thema für sich. So schrieb der Amerikaner Phil Zimmermann das Verschlüsselungsprogramm „Pretty Good Privacy" (kurz: PGP), damit e-mails nurmehr vom Empfänger mit einem speziellen Schlüssel lesbar gemacht werden können. Auftritt amerikanische Regierung: Terroristen und Drogendealer werden das Netz zur Vorbereitung Ihrer Schandtaten nutzen, Kryptografie muß strafbar werden! Das wird zwar ohnehin nie durchführbar sein, selbst wenn ein entsprechendes Gesetz erlassen würde (und auch deutsche Politiker debattieren derzeit über dieses Thema), denn dazu ist das Netz zu unkontrollierbar. Irgendwer würde irgendwo eine neue Krypto-Software schreiben und einspeisen... Keine Chance, Freunde und Helfer. Es ist ja ohnehin so: Straftaten wurden bereits vorbereitet

*Bei DigiCash gibt's Cybermoney namens „e-cash"*

und begangen, als die Menschen noch Bärenfelle trugen. Die Technologie erleichtert die Planung, aber die einzige Möglichkeit, das zu unterbinden, wäre die vollständige Abschaffung des Internet (und der Telefone, der Briefpost, des CB-Funks etc.).

TIP

Vor allem auf DOS/ Windows-Rechnern – seltener auf Macs – können sich brutale Datenschänderviren einnisten, die urplötzlich Ihre Festplatte ratzekahl fressen! Also: Virenscanner laden und auch wirklich benutzen!

Jedenfalls gibt es PGP immer noch, es ist aber recht kompliziert und für Durchschnitts-User ohnehin unnötig. Oder müssen Sie unbedingt Ihren Leserbrief an den Spiegel verschlüsseln, damit er dekodiert werden muß, bevor er millionenmal abgedruckt werden kann? Wenn Ihnen das dennoch wichtig erscheint, können Sie PGP und allerlei nützliche Infos zum Beispiel unter *web.mit.edu/network/pgp.html* downloaden.

Ein weiteres wichtiges Thema ist die Gefahr der „Ansteckung" mit Computerviren. Dabei ist zu beachten: Computerviren können sich nur durch die Ausführung von Dateien verbreiten. Sie müssen also erst ein Programm laden und es dann auch noch ausführen, sonst kann Ihnen ohnehin gar nichts passieren. Das reine Netsurfen (also das Ansehen verschiedener WWW-Seiten) ist ungefährlich. Zwar werden dazu Daten auf Ihren Computer übertragen und dort zwischengespeichert, es können aber – da es sich nicht um ausführbare Dateien handelt – keine Viren übertragen werden.

*Im Internet präsent: Virenkiller McAfee*

Wenn Sie – und sei es nur ab und zu – Programme downloaden wollen, sollten Sie allerdings zur Sicherheit einen Virenscanner (zum Beispiel bei *www.mcafee.com*) laden und die entsprechende Datei vor dem Starten überprüfen. Berücksichtigen Sie bitte, daß ständig neue Viren in Umlauf kommen; alle ein bis zwei Monate müssen Sie sich ein Update des Scanners besorgen. Er ist für Privatnutzer kostenlos. Wenn Sie viele Downloads durchführen, lohnt sich – insbesondere unter DOS/Windows – die Installation eines VIRENSCHILDES, das alle ausführbaren Dateien automatisch überprüft, allerdings die Geschwindigkeit des

VIRENSCHILDER bekommen Sie ebenfalls bei McAfee

*Nicht leicht zu überspringen: Firewalls*

Rechners drosselt: Wer selten Dateien lädt, scannt besser manuell.

Insbesondere bei beruflich genutzten Rechnern (auf denen also nicht einzig und allein dreitausend Pornobilder lagern), stellt sich die Frage: Können durch meine Internet-Anbindung Hacker in das System eindringen? Die Antwort lautet leider: Jein. Erstens: Wenn Ihr Rechner ausgeschaltet ist, kann niemand auf die Daten zugreifen. Zweitens: Wenn Ihr Rechner zwar eingeschaltet, aber nicht ins Internet eingeloggt ist, ebenfalls nicht (bei Rechnern in Firmen-Netzwerken kann sich das anders verhalten). Drittens: Wenn Ihr Rechner durch eine FIREWALL geschützt ist, entweder bei Ihnen bzw. in Ihrer Firma oder bereits beim Provider, ist es sehr schwierig und aufwendig, einzudringen – aber es ist möglich. Bei guten Providern sind Firewalls inzwischen Standard. Viertens: Ohne Firewall kann ein geschickter Hacker während Ihrer Online-Aktivitäten einigermaßen mühelos auf Ihre Daten zugreifen.

**FIREWALL**
Programm, das nur eingetragene Nutzer (Passwortkontrolle) auf ein Firmennetz oder einen einzelnen Privatrechner zugreifen läßt

Der sicherste Schutz gegen Mißbrauch und Industriespionage ist, alle unbedingt vertraulichen Daten auf einem Rechner zu speichern, der in gar kein Netzwerk eingebunden ist. Weitere Tips können Ihnen ggf. der Systemadministrator und Ihr Provider geben. Falls Sie wirklich wichtige/wertvolle Dateien besitzen: Unterschätzen Sie das Risiko lieber nicht! Das ist wie mit den Backups: Keiner macht sie – bis es zu spät ist.

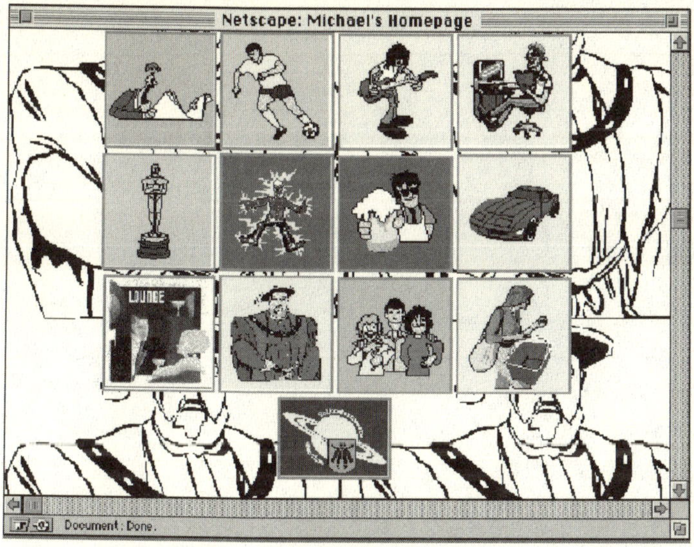


*Die Homepage von Michael Both*

# Von Menschen und Webseiten

**Hinter jeder Webseite, jedem Posting und jeder zum Download bereitgestellten Datei steckt ein Mensch. Irgendwer hat gedacht, das müßte jetzt mal sein. Aber warum bloß?** Das Internet kann spannend wie ein Krimi sein ...

„Meine Lieblings-Webseite ist meine eigene", stellt Systemadministrator Michael Both (26) fest, „ich kann hier unter *www.dortmund.netsurf.de/~mboth* die neueste Technik ausprobieren und habe die Gewißheit, daß 30 Millionen Menschen sie lesen können." Gerlinde Kettl (25) promoviert an der Uni Regensburg in Physik und sagt: „Meine Homepage bringt mir Arbeit, Ruhm und Ehre. :-) Ich kann mich und meine Hobbys weltweit präsentieren. Außerdem freue ich mich, wenn Leute meine Homepage *rphibm1.physik.uni-regensburg.de/~c3729* besuchen und sie ihnen gefällt. Dieses Hobby bringt mir einfach eine gewisse Befriedigung." Aber es gibt auch ausgesprochen WWW-kritische

:-)
Smiley oder „Emoticon", in diesem Fall: Lachen (Buch um 90 Grad drehen ...)
→ Seite 100/105

Positionen: „Ich ‚surfe' nicht. Wer surft, kratzt nur an der Oberfläche rum. Ich bin seit '89 dabei, bin ein Teil des Netzes", befindet S. P. Zeidler (29). Trotzdem können WWW-Homepages praktisch sein: „Leute, mit denen ich in Kontakt komme, haben auf meiner persönlichen Seite die Gelegenheit, mich besser kennenzulernen. Deshalb muß ich nicht immer wieder dieselben Fragen beantworten", erklärt Peter Simons. Und Michael Schoening (24) ergänzt: „Zwar besteht die Gefahr zur isolierten Talk-Kommunikation, aber andererseits ist die Kontaktaufnahme durch e-mail statt Telefon oder Briefpost eindeutig schneller und billiger."

*Die Homepage von Gerlinde Kettl*

Einen recht ungewöhnlichen Internet-Nutzen hat Schüler Marco Louis (17) für sich entdeckt: „Wir können Artikel unserer Schülerzeitung endlich innerhalb eines Tages publizieren, anstatt ewig lange auf die paar Printausgaben zu warten!" Mietwagenunternehmer Georg Petersen (34) stellte fest, wie hilfreich das Netz besonders bei „Außenseiterinteressen" ist: „In Andrew Vachss' Krimis taucht immer wieder eine Jazzsängerin auf, Judy Henske. Die kannte kein Plattenhöker hier im Lande. Im Netz gibt's wenigstens 'ne Discographie und die Adresse eines Ladens in L.A. Vielleicht werde ich die Dame also doch noch zu hören bekommen. Und in einer Newsgroup hab' ich mal nach Ressourcen über die Singer/Songwriterin

TIPS VON PROFIS 1

**Können Sie** – warum auch immer – einen Unirechner benutzen bzw. sich dort einloggen: Tun Sie's. Billiger gibt's das Internet nicht.

**Im Netz** wird meist geduzt (Adaption des englischen „you") – niemand will Ihnen auf den Schlips treten, duzen Sie zurück.

**Grobe Schnitzer** lassen sich durch anfänglich passive Nutzung vermeiden: erst mal lesen, lernen, umschauen!

**Nicht dieselbe Meldung** in mehrere Newsgroups schreiben. Notfalls nicht einzeln posten, sondern als Crossposting senden (spart Plattenplatz und gibt die Verweise automatisch an).

Michelle Shocked gefragt, was zu einer regen Diskussion führte, und am Ende schickte sie mir sogar selber eine Mail, in der stand, daß sie gerade an einer eigenen Webseite baut."

Viele Netprofis nutzen eigene Homepages auch einfach zur Entlastung ihrer Bookmark-Files. So hat sich der Physiker Klaus Woerle (29) unter *www.rzg.mpg.de/~kaw* eine eigene Startseite zusammengestellt, „die alle Themen abdeckt, die ich bei der Arbeit im WWW regelmäßig brauche." Die eigene Homepage ist schlicht und ergreifend „eine potentielle Schnittstelle zur (Netz)Öffentlichkeit", findet Chris Bussler (20): „Wenn ich z.B. ein Buch schreibe, könnte ich es dort schnell, ohne großes Startkapital und ohne einem Verleger gefallen zu müssen veröffentlichen."

Wer länger im Netz bleibt und/oder damit zielgerichtet arbeitet, kommt schnell auf die Newsgroups. Kernphysiker Thomas Servene (29) hat die Erfahrung gemacht: „Hilferufe und Anfragen werden sehr schnell beantwortet, weil die Leserschaft ebenso zahlreich wie kompetent ist." Er nutzt das Netz mitunter auch privat: „Ich bin häufig auf Reisen, und dann ist ein Gruß oder Liebesbrief per e-mail oft der einzige – und nebenbei sehr preiswerte – Kontakt zu meiner Freundin."

Leider macht „die viele Technik" immer noch mehr Männern als Frauen Freude: „Das Internet ist ein verdammt schwammiges Gebilde, das in alle Richtungen wabert", beobachtet Silvia Breitinger (26), wissenschaftliche Mitarbeiterin an der Uni Marburg. „Für die Zukunft hoffe ich vor allem, daß sich der geistige Horizont des Netzes weitet und mehr Frauen zu sehen sein werden."

TIPS VON PROFIS 2

**Keine Werbepostings.** Nicht für die eigene Person oder die eigene Homepage und schon gar nicht für kommerzielle Produkte/Webseiten.

**Keine anonymen Postings,** das gebietet die Netikette. Keine ausufernden Signaturen (max. 6 Zeilen).

**Nichts für** selbstverständlich halten. Das Internet ist ein gigantischer, sich permanent verändernder Prototyp.

**Niemand kann** Ihr Gesicht sehen. Ironie oder ähnliches also *immer* mit Smileys kennzeichnen; kann sonst zu bösen :-( Mißverständnissen kommen.

**Vorsicht,** wenn Sie sich im Netz verlieben — nur wenige dieser Beziehungen erweisen sich als tragfähig in der Wirklichkeit. Sie kennen nur einen kleinen „Ausschnitt" Ihres Gegenübers — seien Sie nicht zu euphorisch.

**Im WWW-Browsern** möglichst das automatische Laden der Bilder abstellen — es kostet Zeit, blockiert die Leitungen und lohnt sich eigentlich nur selten.

„Web-Designerin" Eveline Frei (38) ist seit Jahren im Netz präsent, derzeit unter *www.access.ch*. Sie sagt: „Das Netz ist Teil unserer Zukunft. Die transatlantischen Verbindungen sind durch das WWW etwas langsamer geworden, aber vor allem ist das Netz durch die Einführung des World Wide Web bunter und offener geworden, zugänglich für jedermann." Es spiegelt schon jetzt weit mehr als zuvor die Lebenswirklichkeit, statt nur nächtlicher Sammelplatz für kontaktgestörte Informatiker zu sein.

TIP

Einige Provider – u.a. Netsurf – bieten ihren Kunden an, eine selbstgestaltete Homepage kostenlos abrufbereit zu halten

Hartgesottenen Altusern – die sich auch gern mal als „Internet Life form" bezeichnen, was durchaus den Kern der Sache trifft – kommt das WWW übrigens manchmal nur wie „eine überfüllte Messe" oder ein „gigantischer Rummeplatz" vor. Sie waren jahrzehntelang (!) reine Textprogramme gewöhnt, und nun muß alles blinken, leuchten, funkeln – eine verdammt schwierige Umstellung. So kommt es auch immer wieder mal zu „Glaubenskriegen". Die einen lassen nur gelten, „was ambitioniert ist und das Netz weiterbringt", wobei die Definition dessen, was diesem Standard entspricht, ebenso subjektiv ausfällt wie das vernichtende Urteil derer, die – andererseits – „auf diese verpickelten, Fastfood-fressenden Computerfreaks echt keinen Bock" haben.

*Spaß muß sein: Homepage von Roland Schorr unter numalfix.wifo.uni-mannheim.de/~schorr*

Dabei sind im Netz sogar alle Menschen etwas gleicher als sonst, Vorurteile müssen wirklich draußen bleiben. Nelson Hinman (51), von Geburt an blind: „Ich bin immer wieder erstaunt, wieviele Leute gar nicht wissen, daß auch Blinde einen Computer benutzen. Dabei ist gerade für uns das Internet ganz großartig: Anders könnte ich z.B. gar nicht auf Bibliotheken zugreifen." Auch andere Handicaps lassen sich mit Hilfe von Vorlesemaschinen, Lupenbildschirmen usw. ausgleichen. Aber – und genau das nervt an vielen Neulingen – „man platzt eben nicht einfach in eine Versammlung wie einige Newsgroups im Internet, die schon fünf bis zehn Jahre existieren", rät Henning Schmiedehau (27), „und benimmt sich, als ob alle nur auf einen gewartet hätten." Wer das doch tut, kassiert (verbale) Prügel – er (oder sie) wird „geflamt". Oft fällt die Schelte dann aber auch gleich sehr harsch aus, ebenso wie die Kommentare zu (vermeintlich) falschen Meinungen an den elektronischen Pinwänden. Informatik-Studentin Gaby Hornik (25) bringt es auf den Punkt: „Manche Leute vergessen einfach, daß am anderen Ende auch Menschen sitzen. Da wird auf Teufel komm raus beleidigt und belästigt." Obwohl die (freiwillige) Netiette es eigentlich verbietet.

*Die Schweizer Webseitendesignerin Evelyn Frei*

Insgesamt aber machen genau diese vielen unterschiedlichen Denkansätze und Persönlichkeiten den Reiz und die Gesamtsumme des Internet aus: Jeder kann tun und lassen, was er/sie will, kann anbieten und verweisen und kommentieren, und am Ende kommt dabei eine interdisziplinäre Artenvielfalt heraus, die keine wirtschaftlich denkende Institution bieten könnte. Wer sich also immer klarmacht, daß alle anderen Meinungen, Angebote und Weltanschauungen vielleicht nicht richtiger, aber doch genauso berechtigt sind wie die eigenen, der hat das Internet kapiert! Und wenn das Netz nur den einzigen Zweck hätte, uns genau das an einem gesellschaftlichen „Mikro"kosmos von ein paar Millionen Usern vor Augen zu halten, wäre es schon jede Mark und jede Mühe wert gewesen.

TIPS VON PROFIS 3

**Per FTP** „gesaugte" Dateien stets in einem Archivordner abspeichern – man weiß nie, wann man sie noch mal braucht.

**Geben Sie** bei Netscape in „Option|Preferences|Mail and Proxy" den Proxy-Server Ihres Providers an, falls er einen hat. Das beschleunigt den Transfer und entlastet die Datenleitungen.

**Bei Anwahlproblemen** können Sie in Ihrem Socket-Programm die „Wahltonerkennung" probeweise ausschalten. Hilft öfter, als man glaubt.

**Keine Umlaute** verwenden. Mail- und Newsprogramme auf max. 70 Anschläge pro Zeile einstellen.

... green eyes/ *Newbie has entered the channel*/ F***YOU TO LOVELAND: Hmmm. Tell me about.

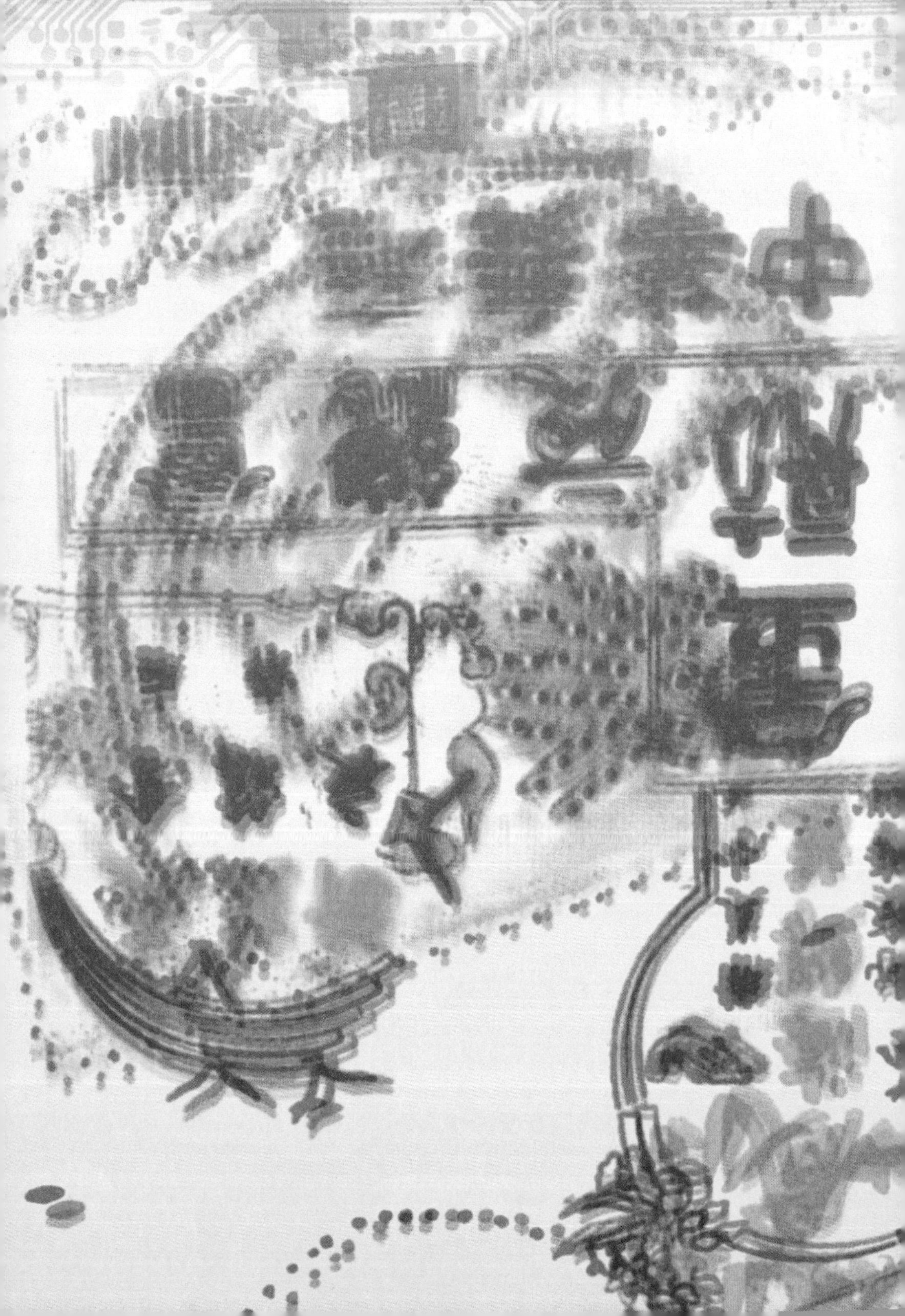

# Fachchinesisch

**Hier gibt's nichts mehr zu lesen. Hier können Sie bloß nachschlagen: alle wichtigen Internet-Begriffe von A bis Z.** Achtung: Dies ist nicht der Index – dort (am Ende des Buches) finden Sie wesentlich mehr Verweise und Begriffe!

## A

**Adresse:** Zum einen die Angabe, unter der man → *e-mail* bekommen kann. Zum anderen die Angabe, unter der ein → *Client* ein bestimmtes Angebot (zum Beispiel eine Webseite) findet. So oder so: Klarschrift für die kryptischen, ewig langen → *IP-Adressen*, die nur aus Ziffern bestehen.

**Archie:** Ein Dienst, um Software-Programme nach Namen zu suchen. Man benötigt dafür einen Archie-→ *Client*.

**ARPANET:** Advanced Research Projects Agency Network, einer der Vorläufer des → *Internet*.

**ASCII:** American Standard Code for Information Interchange, US-Standard-Code für die Übermittlung von Buchstaben und Zahlen. Achtung: kann keine Sonderzeichen übertragen, dazu gehören auch die Umlaute Ä, Ö, Ü sowie das ß. Nicht in → *e-mails* und → *Newsgroups* verwenden: Zeichensalat!

## B

**Backbone:** Fest installiertes Leitungsnetz mit hoher Kapazität, an das andere (kleinere) Netze angeschlossen sind (wörtl.: Rückgrat).

**Bandbreite:** Bei manchen Internet-Providern müssen Sie sich für eine Bandbreite entscheiden, mit der Ihre Daten übertragen werden (sollen). Je höher die Bandbreite (gemessen in bps, Bits pro Sekunde) ist, desto schneller der Datendurchsatz. Hohe Bandbreiten sind teuer und lohnen sich nur für absolute Internet-Profis.

**Baudrate:** Gibt an, wieviel Daten pro Sekunde ausgetauscht werden. Aus technischen Gründen nicht immer identisch mit der → *Bandbreite*. Je höher die Baudrate, desto schneller die Verbindung (aber desto teurer z.B. auch das Modem).

**BBS:** Siehe → *Mailbox*

**BDA:** Siehe → *Bundesdatenautobahn*

**Binaries:** In Binärdateien konvertierte Bilder, Software, Spiele usw. So kann man Dateien per → *e-mail* oder in → *Newsgroups* übertragen. Zum Codieren/Decodieren benötigt man das Programm uuencode bzw. uudecode, das per → *Archie*/→ *FTP* leicht zu finden und zu beschaffen ist.

**Bridge:** Das Gerät, das zwei Computernetze miteinander verbindet (wörtl.: Brücke).

**Browser:** Software, mit der man sich Dateien ansehen kann. Meist ist ein → *WWW*-Browser wie → *Netscape* oder → *Mosaic* gemeint. Es gibt aber auch → *FTP*-Browser, → *News*-Browser usw. (wörtl.: browse – schmökern, bummeln).

**Btx:** Kurz für Bildschirmtext. Siehe → *Telekom Online*

**Bundesdatenautobahn:** Deutsche (und meist auch deutschsprachige) Internetdienste, angeboten von einem überregionalen Provider-Zusammenschluß, kurz BDA. Einer von zahlreichen ambitionierten Versuchen, den deutschen Teil des → *Internet* strukturell überschaubar (und damit erreichbar) zu machen. Außerdem Direktübersetzung des Daten-Highway.

## C

**Chat/chatten:** Live plaudern im Netz, meist mittels → *ICR* oder → *Telnet*.

**Client:** Ein Programm, daß von Ihrem Computer aus Verbindung zu einem → *Server*-Programm aufnimmt. Ihr → *FTP*-Client zum Beispiel bittet den FTP-Server um die Übertragung ausgewählter Dateien und nimmt sie entgegen.

**CompuServe:** Kommerzieller → *Online*-Dienst, der auch ein Internet-Gateway anbietet. Einwahlknoten in aller Welt.

**Computerviren:** Siehe → *Viren*

**Cyberspace:** Stammt aus William Gibsons Fantasy-Roman „Neuromancer" – bezeichnet „die Welt der Computer und die in dieser Welt herrschende Kultur". Gern wird „Cyber" vor irgendwelche Worte gepappt: Cyberroman, Cyberwelt, Cyberklon, Cybercafés... Oft kombiniert mit → *virtuell*.

## D

**Datagramm:** Von → *TCP/IP* (ggf. auch einem anderen → *Protokoll*) definiertes Datenpaket im Internet. Nehmen verschiedene Wege, werden am Ende zusammengefügt.

**Datex-J/Datex-P:** Siehe → *Telekom Online*

**DNS:** Siehe → *Domain Name System*

**Domain Name System:** (Kurz: DNS) Auf vielen Internet-Servern verfügbares Verzeichnis, das → *Host Name* in → *IP-Adressen* umsetzt. Sie müssen Ihrem → *Socket*-Programm dieses DNS angeben, sonst versteht es die → *Adressen* nicht und gurkt nutzlos durch Zeit und Raum.

**Domain:** (In Deutschland auch: Domäne) Letzter Teil des → *Host Name*, der in Amerika meist die thematische Zuordnung des Servers angibt (etwa „edu" für Education, „org" für gemeinnützige Organisationen) und im Rest der Welt üblicherweise den Standort (zum Beispiel „de" für Deutschland).

**Download:** Herunterladen von Dateien/Software.

## E

**E-Mail-Adresse:** Ihre e-mail-Adresse erfahren Sie vom → *Provider*. e-mail-Adressen anderer finden Sie auf Webseiten oder im „Header", dem Kopf der empfangenen Mail. → *CompuServe*-Adressen müssen vom → *Internet* aus mit einem Punkt statt eines Kommas in der Mitte geschrieben werden, und hinter die lange Nummer kommt die Anfügung @compuserve.com. Es gibt keine brauchbaren e-mail-Adreßbücher; der beste Weg, eine unbekannte Adresse zu erfahren, ist ein simpler Telefonanruf beim Adressaten.

**E-Mail:** Elektronische Post. Verschicken können Sie e-mails auch unter → *Netscape* und anderen → *Browsern*. Aber um selbst welche zu empfangen (bzw. die empfangene lesen zu können), benötigt man derzeit noch ein Mailprogramm.

**Emoticon:** Kleine Smileys, die Ironie u.a. Gefühle zeigen.

**E-Zine:** Elektronisches Magazin.

**Einloggen:** Sich bei einem Rechner anmelden.

## F

**FAQ:** Frequently Asked Questions – häufig gestellte Fragen (und ihre Antworten).

**EMOTICONS/SMILEYS**

Wieso, weshalb, warum? Weil im Internet die Gefühle durch Smileys dargestellt werden.

| | |
|---|---|
| :-) | happy, lustig, Abk. :) |
| :-( | traurig, Abk. :( |
| ;-) | Augenzwinkern, ironisch, Abk. ;) |
| #-) | was für eine Nacht |
| :-O | brüllen, erschrecken |
| ~~:-[ | stinksauer, flamen |
| :*) | betrunken |
| :-@ | wütend brüllen |
| \|-O | gelangweilt |
| :'-( | weint |
| :-! | raucht |
| :-X | Kuß/Ich schweige wie ein Grab |
| (:-D | Großmaul |
| :-P | Zunge raustrecken |
| >>:-<< | verrückt |
| (:-) | Kahlkopf |
| @:-) | Turbanträger |
| [:-) | Walkmanträger |
| :-# | Zahnspangenträger |

**Finger:** Internet-Dienst, mit dem man herausbekommen kann, wer gerade beim selben → *Host* angemeldet ist. Alt und nur noch selten genutzt.

**Firewall:** Sicherheitssystem, um einen Computer von außen unerreichbar zu machen. So können Firmenmitarbeiter z.B. das Internet nutzen, Fremde aber nicht ins Firmennetzwerk eindringen. Auf diese Weise schützen Provider auch Ihre Rechner, während Sie → *online* sind.

**Flame:** Wütende bis unflätige Beschimpfungen, meist in → *Newsgroups*.

**FTP:** File Transfer Protocol, → *Protokoll*vereinbarung zur Übermittlung von Dateien. Auch: der Dienst (→ *Client*, → *Server*), mit dem Sie Dateien auswählen und → *downloaden* können (das heißt dann ftp'en).

**FYI:** For Your Information, zu Ihrer Information.

## G

**Gateway:** Kurz: Gate, → *Bridge*, die einen Zugang in ein anderes Netz erlaubt und die → *Protokolle* angleicht. So verstehen sich die zum Internet zusammengeschlossenen Netze.

**GIF:** Graphics Interchange Format, neben → *JPEG* das Standardformat für Grafikdateien (können von nahezu allen Rechnern verarbeitet werden).

**Gopher:** Textlastiger Internet-Dienst, mit dem man verschachtelte Menüs gut durchsuchen kann. Nützlich vor allem für wissenschaftliche Datenbanken an Unis. Dazu muß man einen Gopher-→ *Client* haben und sich mit einem Gopher-→ *Server* verbinden lassen.

## H

**Hacker:** Computerspezialist, insbesondere einer mit bösen Absichten (der beispielsweise in fremde Rechner eindringt).

**Header:** Vorspann (wörtl.: Kopf) eines → *Datagramms* oder einer → *e-mail.*

**Homepage:** Erstens die (vorgegebene) erste Seite, die Ihren → *WWW-*→*Browser* aufruft. Zweitens die erste (Start)Seite eines → *WWW*-Angebots.

**Host:** Computer (im Internet), die verschiedene Dienste anbieten (wörtl.: Gastgeber).

**HTML:** HyperText Mark-up Language. In dieser Computersprache werden → *WWW*-Dokumente beschrieben; → *WWW*-Browser aller Betriebssysteme verstehen HTML.

**HTTP:** HyperText Transmission Protocol. Dieses → *Protokoll* bestimmt den Übertragungsmodus von → *WWW*-Seiten.

**HTTPS:** HyperText Transmission Protocol Security – → *Protokoll* für verschlüsselte → *HTTP*-Übertragungen.

**Hyperlink:** Markierte Bereiche, die beim Anklicken zu einem anderen Bereich im Dokument oder – insbesondere im → *WWW* – in ein anderes Dokument und/oder zu einem anderen → *Host* verzweigen.

## I

**Internet:** Zahlreiche separate Computernetze, die mit → *Gateways* zu einem großen Netz verbunden wurden.

**IP-Adresse:** Eine 32-Bit-Zahl, z.B. 255.255.255.254 – das ist der Username eines Rechners in Computersprache.

**IP:** Das → *Internet*-→ *Protokoll* sorgt dafür, daß alle Daten ihr Ziel erreichen.

**IRC:** Internet Relay Chat – plaudern (→ *chatten*) via Internet. Dazu benötigen Sie einen IRC-→ *Client* und die → *Adresse* eines IRC-→ *Servers*.

**ISDN:** Digitales Telefonnetz.

## J

**JPEG:** (Auf PCs auch: JPG) neben → *GIF* der allgemein verdaulichste Grafikstandard.

## L

**LAN:** Local Area Network, Netzwerk nahe gelegener Rechner (zum Beispiel in einer Universität oder Firma).

**Listserv:** Programm, das automatische → *Mailing*-Listen führt. So können Sie regelmäßig alle News über Netscape oder Windows oder, oder, oder bekommen.

**Logoff:** Beenden der → *Online*-Verbindung zu einem → *Server* oder → *Host*.

**Logon:** Einwählen/Anmelden bei einem → *Server*.

## M

**Mail-Liste:** Automatisierte Verteilerliste für → *e-mails* zu einem bestimmten Thema.

**Mailbox:** (Auch BBS: Bulletin Board System) Computer, die elektronische Pinwände und/oder Dateien zum → *Download* anbieten. Die allermeisten Mailboxen muß man separat anwählen, nur wenige sind ins Internet integriert. Manche Mailboxen bieten Internet-→ *Gateways*.

**MILNET:** Der militärische Teil des Internet.

**MIME:** Multipurpose Internet Mail Extensions. Mit diesem → *Protokoll* kann man auch Bilder, Videos und andere Multimedia-Kombinationen per → *e-mail* verschicken.

**Mirror-Site:** → *Host*, auf den wichtige Daten eines anderen, weit entfernten Rechners „gespiegelt" werden, um Langstreckenverbindungen zu vermeiden. Wird vor allem für vielgenutzte Dateisammlungen verwendet.

**Modem:** Die digitalen (binären) Computerdaten werden im MOdulator/DEModulator zur Übertragung im analogen Telefonnetz umgewandelt.

**Mosaic:** Ein → *WWW*-→ *Browser*, nicht ganz so vielseitig wie Netscape. Wer Internet über → *CompuServe* betreibt, bekommt Mosaic als Standardausrüstung.

## N

**Name-Server:** Siche → *Domain Name Server*

**Netikette/Netiquette:** Freiwillige, allgemein anerkannte Verhaltensgrundsätze im Internet. Beispielsweise Verbot von Beleidigungen, Achtung von reinen Anzeigen und Kettenbriefen etc. Eine deutsche Version gibt es unter *www.ping.at/guides/netmayer*.

**Netscape:** Am weitesten verbreiteter → *WWW*-→ *Browser*. Mit rund 9000 Zeichen Quellcode ein sehr schlankes und trotzdem äußerst effizientes Programm – erdacht von Marc Andreesen. Kostenlos für Privatnutzer. Die neueste Version erhalten Sie unter *home.netscape.com*.

**Netzwerk:** (Kurz: Netz) Zusammenschluß (Vernetzung) mehrerer Computer (auch innerhalb einer Firma ohne jede Verbindung zur Außenwelt möglich).

**Newbie:** Siehe → *Newuser*

**Newsgroups:** Fachliche, wissenschaftliche oder rein unterhaltsame Diskussions-Pinwände, nach Themen geordnet.

**Newuser:** Neuling im → *Internet*, auch: Newbie.

## O

**Online:** Nach dem → *Logon* ist ein Computer in Echtzeit ins Netz eingebunden, er ist „online" (wörtl.: erreichbar). Wird die

Verbindung getrennt, ist der Rechner „offline". → *e-mail* kommt trotzdem (später an), sie wird zwischengespeichert.

## P

**Passwort/Password:** Geheimes Schlüsselwort für einen → *Logon*. Unbedingt merken, brauchen Sie immer wieder. Vor allem zum Empfangen (manchmal auch zum Versenden) von e-mails, die auf dem Server Ihres → *Providers* lagern.

**PING:** Mit Ping-→ *Clients* kann man die Internet-Verbindung überprüfen (zum Beispiel auf Leitungsstörungen).

**PPP:** Point-to-point- → *Protokoll* für die Einwahl ins Internet. Weniger fehleranfällig als das alte →*SLIP/Protokoll*.

**Pretty Good Privacy:** Ein Verschlüsselungsprogramm, das zu knacken beim gegenwärtigen Stand der Technik mehrere Billionen Jahrmillionen (!) dauern würde.

**Protokoll:** Die Regeln für die Datenformate und ihre Übermittlungsart zwischen zwei Computern. Unterschiedlich von → *Netzwerk* zu Netzwerk, einheitlich im → *Internet*.

**Provider:** Anbieter, in dessen Standrechner im Internet man sich gegen eine Gebühr einwählen und einloggen (siehe → *Logon*) kann.

**Proxy-Server:** Computer des → *Providers*, oft mit schützendem → *Firewall* und meist einem Cache-Speicher, so daß Sie Ihre Internet-Daten schneller bekommen.

## R

**Router:** Router sind → *Server*, die gemäß der Angaben des → IP dafür sorgen, daß die → *Datagramme* ankommen.

**RTFM:** „Read the fucking manual" – lies das verdammte Handbuch! BTW heißt „By the way" (übrigens). IMHO steht für „In my humble opinion" (meiner bescheidenen Meinung nach).

## S

**Script:** Steuerprogramm und/oder Auflistung der Computeraktivitäten (beispielsweise kann man im → *Logon*-Script den Einwahlvorgang mitverfolgen und ggf. Fehler erkennen).

**Server:** Erstens ein Rechner, der einen Internet-Dienst anbietet. Zweitens ein Programm, das auf die Wünsche eines → *Client* (auf Ihrem Rechner) reagiert (wörtl.: Diener).

**NOCH MEHR SMILEYS:**
Menschen Tiere Sensationen per e-mail verschicken

| | |
|---|---|
| $-) | Yuppie |
| ( | Psychopath |
| *#*!^*&:-) | Schizophrener |
| +-:-) | Papst |
| 8-# | Tod |
| ]:-> | Teufel |
| :.) | Marilyn Monroe, Madonna |
| 5:-) | Elvis |
| :-) 8 | Dolly Parton |
| (-:\|:-) | Siamesische Zwillinge |
| 3:*> | Rudolf, das rotnasige Rentier |
| *****:-) | Marge Simpson |
| 8:] | Gorilla |
| @)->-- | Rose |
| 7:-) | Fred Flintstone |
| 8(:-) | Micky Maus, Walt Disney |
| *:8) | Miss Piggy |

**Signatur:** Meist überlange, zum Teil gewollt intellektuelle und angeblich informative Kennung am Ende einer → *e-mail*, die das → *Mailprogramm* automatisch einfügen kann.

**SLIP:** Serial Line Internet Protocol, → *Protokoll* für den Internetbetrieb über serielle (Telefon)Verbindungen. Älter als → *PPP* und längst nicht so stabil.

**Snail-Mail:** Briefpost, Schneckenpost (im Gegensatz zur meist sekundenschnellen → *e-mail*).

**Smileys:** Kleine Grinsegesichter (dasselbe wie → *Emoticons*), die Gefühle oder Personen symbolisieren.

**Socket:** Siehe → *WinSock*

**Sysop:** Kurz für: Systemoperator – Betreiber eines OnlineDienstes bzw. Angebot-→ *Servers*.

## T

**TCP/IP:** Die zentralen Internet-→ *Protokolle*, die gemeinsam das Packen/Versenden von Daten sowie deren korrekte Zustellung überwachen.

**TCP:** Transmission Control Protocol, packt die Datagramme, die dann mittels → *IP* über die → *Router* versandt werden. Dabei können „Einzelteile“ einer Datei unterschiedliche Wege nehmen.

LEXIKON **MAN SPRICHT INTERNET**

**Telekom Online:** Bildschirmdienst-Angebot der Deutschen Telekom. Früher Btx, danach Datex-J (für Anbieter: Datex-P), jetzt gekürzelt „T Online". Immer noch langweilig. Gut für Homebanking. Bietet einen Internet- → *Gateway*.

**Telnet:** Ältester und unkomfortabelster Internet-Dienst, mit dem → *Hosts* fernbedienbar waren, und der manchmal noch zum → *chatten* genutzt wird.

## U

**UNIX:** Betriebssystem (wie DOS/Windows oder Apples System MacOs) für Superrechner. Im Internet, insbesondere auf Servern, weit verbreitet.

**Upload:** Gegenteil von → *Download* – das Laden einer eigenen Datei auf einen fremden → *Host*.

**URL:** Uniform Resource Locator, Name und Speicherort eines Dokuments, quasi seine → *Adresse*.

**USENET:** Das Netz (wörtl.: Nutz-Netz), in dem die → *Newsgroups* gespeichert und verwaltet werden.

## V

**Viren:** Programm, das versteckt übertragen wird und Daten zerstört. Kann Ihren Computer nur erreichen, wenn Sie ausführbare Programme → *downloaden*, beim reinen → *WWW* → *browsen* kann nichts passieren. Zur Sicherheit sollten insbesondere DOS/Windows-User ein Antiviren-Programm installieren, etwa von McAfee: *www.mcafee.com*

**Virtuell:** „Nicht wirklich". In den → *Cyberspace*-Cafés des → *WWW* beispielsweise kann man durchaus mit Leuten plaudern, Zeitung lesen usw. – aber viele dieser Cafés existieren nicht wirklich: Sie sind virtuell!

## W

**WAN:** Wide Area Network, Gegenteil eines → *LAN*-Netzwerks, bei dem die Teilnehmer weit voneinander entfernt sind (zum Beispiel alle US-Zweigstellen eines Unternehmens). Gut geführte WAN-Netzwerke sind wichtige Teile des Internets. Viele WAN- → *Sysops* betreuen zusätzlich eigene Internet→ *Server*.

**WinSock:** Mittels WinSock (kurz für: Windows Socket, also: Windows-Sockel) wählt sich der PC per → *PPP* oder → *SLIP* beim → *Provider* ein. Anschließend können Sie weitere → *Clients* aufrufen. Beim Mac heißt das Programm anders (und auch auf dem PC gibt's welche mit anderen Namen), aber sie alle tun dasselbe: Sie stellen eine Art „Sockel" dar, auf den beliebige „Windows"-Programme (also welche mit Fenstern, egal ob Mac oder PC) aufbauen können.

**WWW:** World Wide Web (wörtl.: weltweites Gewebe), in dem Dokumente mittels → *HTML* erstens ansehnlich angeboten werden können und zweitens → *Hyperlinks* möglich sind.

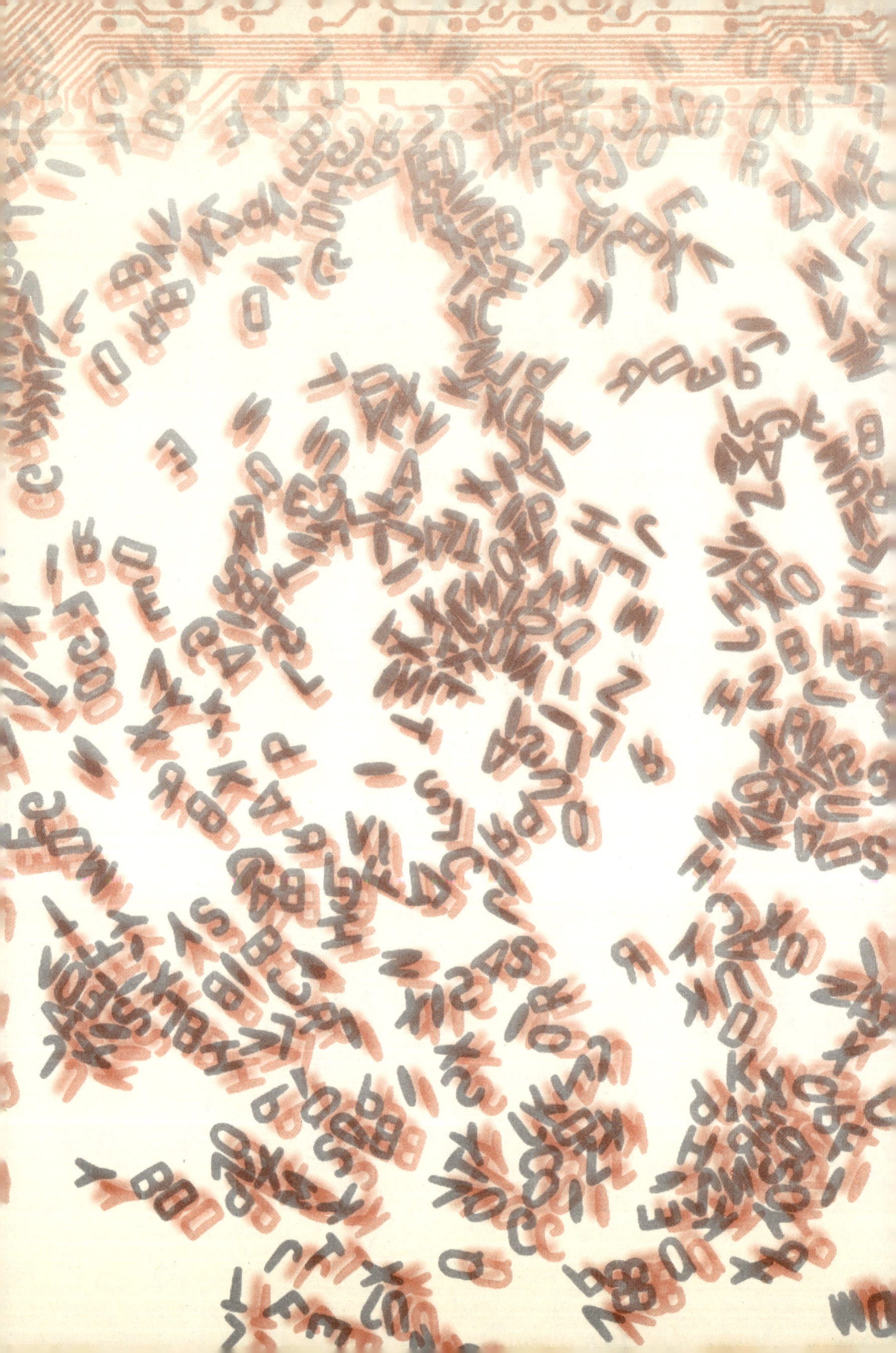

# Stichwortregister

## A



## B



## C



## D



## E



## F



## G